Dieter Meurer

Die Bekämpfung
des Ladendiebstahls

Die Bekämpfung des Ladendiebstahls

Wirtschaftlich-rechtliche
Erwägungen und Daten
zur kriminalpolitischen Situation

von
Dieter Meurer

1976

Walter de Gruyter · Berlin · New York

CIP-Kurztitelaufnahme der Deutschen Bibliothek

Meurer, Dieter
Die Bekämpfung des Ladendiebstahls: wirtschaftl.-rechtl. Erwägungen u. Daten zur kriminalpolit. Situation. – 1. Aufl. – Berlin, New York: de Gruyter, 1976.
ISBN 3-11-007130-4

©

Copyright 1976 by Walter de Gruyter & Co., vormals G. J. Göschen'sche Verlagshandlung, J. Guttentag, Verlagsbuchhandlung, Georg Reimer, Karl J. Trübner, Veit & Comp., 1000 Berlin 30.

Alle Rechte, insbesondere das Recht der Vervielfältigung und Verbreitung sowie der Übersetzung, vorbehalten. Kein Teil des Werkes darf in irgendeiner Form (durch Fotokopie, Mikrofilm oder ein anderes Verfahren) ohne schriftliche Genehmigung des Verlages reproduziert oder unter Verwendung elektronischer Systeme verarbeitet, vervielfältigt oder verbreitet werden.

Printed in Germany
Satz und Druck: Saladruck, 1000 Berlin 36
Bindearbeiten: Wübben, 1000 Berlin 42

Vorwort

Der Diebstahl in Warenhäusern, Selbstbedienungsläden und sonstigen Einzelhandelsgeschäften gehört zu den wirtschaftlich relevanten Eigentumsdelikten. Die einer solchen Zuordnung zugrundeliegenden Zusammenhänge habe ich in der vorliegenden Studie weiter verfolgt, weil mir der Ladendiebstahl ein gutes Beispiel für die kriminalpolitische Relevanz der Wechselwirkungen zwischen Recht und Wirtschaft zu sein scheint. Das Manuskript geht auf einen Vortrag zurück, den ich am 12. Juli 1976 an der Universität Erlangen gehalten habe. Mein ursprüngliches Vorhaben, die erweiterte Fassung in einer Fachzeitschrift zu veröffentlichen, habe ich aufgegeben, weil diese Publikationsform eine Wiedergabe der im Anhang abgedruckten Materialien ausschloß. Deren Veröffentlichung aber scheint mir schon deshalb wünschenswert zu sein, weil die Dokumentation Einblick in wirtschaftliche Aspekte der Ladendiebstahlsbekämpfung ermöglicht, ohne die eine Diskussion der komplexen Zusammenhänge des Warenhausdiebstahls unvollständig bliebe.

Dank schulde ich Frau *cand. iur. K. Ziemek,* die die Reinschrift des Manuskripts gefertigt hat, sowie Herrn *cand. iur. A. Reckzeh,* der mir bei der Zusammenstellung der Dokumentation behilflich war.

Köln, Juli 1976   Dieter Meurer

Inhalt

Seite

Abkürzungsverzeichnis IX
1. Zuordnung des Themas Eingrenzung und Überblick 1
1.1 Die gegenwärtige Reformdiskussion 1
1.2 Ladendiebstahl und Wirtschaft 2
1.3 Leitlinien der Untersuchung 3

2. Die strafrechtliche Bekämpfung des Ladendiebstahls 4
2.1 Das geltende Recht 4
2.2 Kriminologische Daten 5
2.3 Der Ladendiebstahl, ein Wirtschaftsdelikt? 8
2.4 Zur Wirksamkeit strafrechtlicher Bekämpfung 9

3. Die Bekämpfung des Ladendiebstahls
   durch die Vertriebswirtschaft 11
3.1 Zur Notwendigkeit wirtschaftlicher Bekämpfung 11
3.2 Ökonomische Faktoren des Ladendiebstahls 13
3.3 Wirtschaftliche Bekämpfungsmaßnahmen 17
3.4 Zur Wirksamkeit wirtschaftlicher Bekämpfungsmaßnahmen ..20

4. Zur rechtlichen Beurteilung wirtschaftlicher
   Ladendiebstahlsbekämpfung 23
4.1 Zivilrechtliche Aspekte 24
4.2 Strafrechtliche Beurteilung 30
4.3 Konsequenzen 33

5. Die „wirtschaftsverwaltungsstrafrechtliche" Bekämpfung
   des Ladendiebstahls 34
5.1 „Kriminalitätsursache Warenhaus" und staatliche
   Lenkungsmaßnahmen 35
5.2 Rechtlich-kriminologische Einordnung 36
5.3 Marktwirtschaft und Planwirtschaft 37

6. Bekämpfung des Ladendiebstahls durch Erziehung
   und Aufklärung 40

7. Zusammenfassung und Ausblick 41
7.1 Ergebnisse 41
7.2 Einige Konsequenzen für die Reformdiskussion 41
7.3 Ausblick 42

8. Dokumentation 45
8.1 Der Ladendiebstahl nach der Kriminalstatistik
    der Bundesrepublik Deutschland 45
8.2 Der Ladendiebstahl im internationalen Vergleich 55
8.3 BAG-Statistik zum Ladendiebstahl 67
8.4 Einzelerhebungen 83
8.5 Muster einer Sachgebietsanweisung über Schadensersatz von
    Ladendieben 92
8.6 Merkblatt zur Verhinderung
    und Aufdeckung von Ladendiebstählen 103
8.7 Checkliste zur Vermeidung von Inventurdifferenzen 111

9. Zusammenstellung veröffentlichter und unveröffentlichter Ge
   richtsentscheidungen zum Thema: Ladendiebstahl/Vorbeugeko-
   kosten/Ergreifungsprämie/Bearbeitungskosten 114

10. Literaturverzeichnis 124

Abkürzungsverzeichnis

AE – GLD 1974	Entwurf eines Gesetzes gegen Ladendiebstahl
AG	Amtsgericht
AIDA	Ass. internat. de la distribution de produits alimentaires
ArchKrim	Archiv für Kriminologie
Art.	Artikel
BAG	Bundesarbeitsgemeinschaft der Mittel- und Großbetriebe des Einzelhandels e. V., Köln
BAG	Bundesarbeitsgericht
BB	Betriebsberater
BGB	Bürgerliches Gesetzbuch
BGH	Bundesgerichtshof
BGHSt	Entscheidungen des Bundesgerichtshofs in Strafsachen
BGHZ	Entscheidungen des Bundesgerichtshofs in Zivilsachen
Diss. iur.	Juristische Dissertation
Diss. rer. pol.	Wirtschaftswissenschaftliche Dissertation
DRiZ	Deutsche Richterzeitung
EGStGB	Einführungsgesetz zum Strafgesetzbuch
GEMA	Ges. f. Musikal. Aufführungs- u. Mechanische Vervielfältigungsrechte
GG	Grundgesetz
GVG	Gerichtsverfassungsgesetz
ISB	Institut für Selbstbedienung, Köln
JA StR	Juristische Arbeitsblätter – Strafrecht
JR	Juristische Rundschau
JuS	Juristische Schulung
JZ	Juristenzeitung
LG	Landgericht
KZSS	Kölner Zeitschrift für Soziologie und Sozialpsychologie

MDR	Monatsschrift für Deutsches Recht
MschrKrim	Monatsschrift für Kriminologie und Strafrechtsreform
m.w.N.	mit weiteren Nachweisen
NJW	Neue Juristische Wochenschrift
ÖsterRiZ	Österreichische Richterzeitung
o. J.	ohne Jahresangabe
OLG	Oberlandesgericht
o. V.	ohne Verfasser
Rdnr.	Randnummer
Rz.	Randziffer
StGB	Strafgesetzbuch
StPO	Strafprozeßordnung
UWG	Gesetz gegen den unlauteren Wettbewerb
ZPO	Zivilprozeßordnung
ZRP	Zeitschrift für Rechtspolitik

1. Zuordnung des Themas, Eingrenzung und Überblick

1.1 Die gegenwärtige Reformdiskussion

Der Stellenwert wirtschaftlicher Betrachtungsweise in der Diskussion über den Ladendiebstahl ist weitgehend ungeklärt. Zwar finden sich volks- und betriebswirtschaftliche Daten sowie marktwirtschaftliche Aspekte in nahezu sämtlichen Argumentationszusammenhängen; das wissenschaftliche Gespräch ist jedoch vorrangig auf die rechtliche Abwägung folgender kriminalpolitischer Alternativen konzentriert:

a) Beibehaltung des seit dem 1. 1.1975 geltenden Rechtszustands. Danach ist der Ladendiebstahl materiellrechtlich-prozessual in den §§ 242, 248 a StGB; 153, 153 a StPO geregelt (z. B. *Dreher* 1974; *Geerds* 1976; *Deutscher Richterbund* 1976).

b) Präzisierung und Weiterentwicklung des geltenden Strafrechts und Strafprozeßrechts zu einem wirksamen Instrument der Bekämpfung sämtlicher Bagatelldelikte (*Naucke* 1976 unter Hinweis auf *Krümpelmann* 1966 u. a.).

c) Zusätzliche öffentlichrechtliche Bekämpfung des Ladendiebstahls durch kriminalprophylaktische Einwirkung auf das Selbstbedienungssystem unter Ausschluß zivilrechtlicher Maßnahmen (*Schoreit* 1976 a u. b).

d) Rücknahme des Strafrechts aus dem Bereich der Ladendiebstahlsdelinquenz und Förderung schadensmindernder Maßnahmen des Einzelhandels durch Stärkung der Präventivwirkung des Zivilrechts (z. B. AE – GLD 1974; *Arzt* 1974; 1976).

e) Herabstufung des Ladendiebstahls zur Ordnungswidrigkeit (z. B. *Mayer* 1962; *Baumann* 1972; *Kaiser* 1972; *Kaufmann* 1973; *Kramer* 1974).

f) Schaffung einer neuen materiellrechtlichen Kategorie der „Verfehlung" o. ä. und Bekämpfung der gesamten Bagatelldelinquenz in einem besonderen Verfahren (z. B. *Hanack* 1973; *Schmidhäuser* 1973; *Zipf* 1974; *Hirsch* 1976).

1.2 Ladendiebstahl und Wirtschaft

In sämtlichen Lösungsversuchen, die sich z. T. überschneiden, teilweise aber auch einander ausschließen, geht es darum, ob eine weitere Entkriminalisierung des Ladendiebstahls notwendig oder gar geboten erscheint. Ferner wird diskutiert, auf welche Weise dieses Ziel unter Berücksichtigung täter- und opferspezifischer Eigenarten am zweckmäßigsten und gerechtesten zu erreichen ist. Dabei wird mittelbar stets das Problem erörtert, in welchem Umfang der rechtliche Eigentumsschutz einer im Selbstbedienungsgeschäft ausliegenden geringwertigen Ware garantiert werden kann und soll. Sichtet man unter diesem Aspekt das neuere Schrifttum, so stößt man auf drei Argumentationsmodelle, die unmittelbar an die vertriebswirtschaftliche Form des Selbstbedienungsverkaufs anknüpfen und deren Ergebnisse stark von der jeweiligen wirtschaftlichen Grundeinstellung abhängen:

a) Häufig findet sich der Hinweis, die moderne Form des Selbstbedienungshandels gebe das Eigentum dem Zugriff schutzlos preis. Den Einzelhändel treffe insoweit ein „Mitverschulden" (z. B. *Kramer* 1974; 1975; *Arzt* 1974, 694; *Wollschläger* 1976; *Schoreit* 1976 a u. b); die „diebstahlsstimulierenden Eigenschaften des modernen Selbstbedienungsverkaufes" (*Wälde* 1972, 2295) seien offensichtlich. Dieser Art der Warenpräsentation komme in Verbindung mit der zum Teil aggressiven Produktenwerbung eine „enthemmende" Wirkung zu, die bei der Diskussion der Gesamtproblematik zu berücksichtigen sei.

b) Der massenhaft gleichartige Großeinkauf und die dadurch ermöglichte Warenpräsentation zu Billigstpreisen begünstige die Warenhauskonzerne und Selbstbedienungsketten. Dies führe zum wirtschaftlichen Ruin des kleinen Einzelhändlers, der wegen des geringen Umsatzes dem Preisdruck nicht standhalten könne (*Mayer* 1962, 622; *Hellmer* 1974, 649).

c) Im Blick auf den hohen Gesamtschaden, der durch Überwälzung an die ehrlichen Konsumenten zum Preisauftrieb führe, und unter Hinweis auf die Zahl der registrierten Delikte, das Dunkelfeld und die sozialpsychische Einschätzung als Kavaliersdelikt werden andererseits Ladendiebstahl und Wirtschaftskriminalität nicht selten in Zusammenhang gebracht (z. B. *Wassermann* 1970; *Hinzen* 1976). *Franzheim* (1972, 51) meint, eine Polarität zwischen Ladendiebstahl und Wirtschaftsdelinquenz sei nicht vorhanden, und *Lange* (1976, 177) stellt fest: „Der Ladendiebstahl hat ein Ausmaß erreicht, das ihn über das Eigentumsvergehen hinaus zu einem Wirtschaftsdelikt macht."

1.3 Leitlinien der Untersuchung

a) Bei dieser Argumentation geht es nicht mehr nur um das Schutzgut Eigentum, sondern um den wirtschaftlichen Schaden, den die Vertriebsform Selbstbedienung durch Ladendiebstähle erleidet. Der konkrete Verkaufswert der einzelnen Sache tritt nämlich insoweit hinter ihrer Funktion zurück, in einem Selbstbedienungsladen oder Warenhaus verkauft werden zu können (*Naucke* 1976, 54). Hält man die Warenpräsentation in Supermärkten, Warenhäusern und Discountgeschäften für eine Art „unlauterer Werbung" (1.2 a) oder ist man der Auffassung, die durch Selbstbedienung geförderte Umsatzsteigerung führe zum wirtschaftlichen Ruin des kleinen Einzelhändlers – was auf eine Art „kartellrechtliche" Betrachtungsweise (1.2 b) hinausläuft –, so wird man folgerichtig auf den zumeist geringen konkreten Schaden verweisen. Der einzelne Ladendiebstahl kann insoweit aus Gründen des „Mitverschuldens" etc. als geringfügiger angesehen werden, als wenn auf den Gesamtschaden und damit auf die nicht unerhebliche Beeinträchtigung eines Teils der Vertriebswirtschaft abgestellt wird (1.2 c): In dieser Sicht erscheint der Ladendiebstahl nämlich als „Konsumentendelikt" oder als „kleine Wirtschaftskriminalität". Je nach Standpunkt wird man auch die der wirtschaftlichen Gesamtschadensminderung dienenden Bekämpfungsmaßnahmen des Einzelhandels, von ertappten Ladendieben pauschalierten Schadensersatz zu verlangen, unterschiedlich bewerten: Entweder hält man sie für wirtschaftlich notwendig und rechtlich geboten (z. B. AE – GLD 1974; *Arzt* 1974; 1976; *Lange* 1976) oder aber man bezeichnet sie als „Warenhausjustiz" (*Kramer* 1974; 1975), „Selbstjustiz" (z. B. *Schoreit* 1976 a u. b) und „Privatjustiz" (*Droste* 1972), wenn man nicht gar die Tendenz bestätigt sieht, „Konfliktsfälle aus dem Bereich der staatlichen Justiz in die Hände gesellschaftlicher Machtgruppen zu ziehen" (*Wälde* 1972, 2295). Letztlich hängt von der wirtschaftlichen Einschätzung des Selbstbedienungshandels auch die Entscheidung der kriminalpolitischen Frage ab, ob man die „Kriminalitätsursache Warenhaus" mit öffentlichrechtlichen Mitteln direkt bekämpfen will (*Schoreit* 1976 a u.

b), oder aber der Eigeninitiative der Wirtschaft, Maßnahmen der Diebstahlsprophylaxe zu treffen, den Vorrang einräumt.

b) Im folgenden sollen die aufgezeigten Zusammenhänge näher untersucht werden. Hierbei empfiehlt es sich, jenseits der aktuellen Reformdiskussion anzusetzen, weil die auf wirtschaftlicher Einschätzung beruhenden rechtlichen Wertungen in sämtlichen den Ladendiebstahl direkt betreffenden Lösungsversuchen unabhängig von Zielsetzung und Ergebnis anzutreffen sind. Diese Eingrenzung schließt Überschneidungen nicht aus, weil es hier wie dort um die Abstufung der staatlichen Reaktionsmittel: Kriminalstrafe, Bußgeld, zivilrechtliche Regelung und verwaltungsrechtliche Maßnahme geht. Der Blickwinkel allerdings ist ein anderer: Es geht nicht primär um Probleme der Entkriminalisierung, sondern um die Frage, welche rechtlichen und wirtschaftlichen Bekämpfungsmöglichkeiten des Ladendiebstahls zur Verfügung stehen und wie ihre Wirksamkeit unter Berücksichtigung volks- und betriebswirtschaftlicher Aspekte im einzelnen zu beurteilen ist.

2. Die strafrechtliche Bekämpfung des Ladendiebstahls

2.1 Das geltende Recht

Der Ladendiebstahl, d. h. sämtliche Fälle der Wegnahme zum Verkauf ausliegender Handelswaren in der Absicht rechtswidriger Zueignung, ist nach geltendem Recht nicht gesondert geregelt. Er unterfällt der allgemeinen Diebstahlsvorschrift des § 242 StGB, ist mithin auch im Fall der Aneignung geringwertiger Gegenstände stets Vergehen. An die Stelle der früheren materiellrechtlichen Differenzierung zwischen Mundraub, § 370 Abs. 1 Ziff. 5 StGB a. F., Notdiebstahl, § 248 a StGB a. F. und einfachem Diebstahl, § 242 StGB, ist seit dem 1. 1. 1975 eine komplizierte und wohl schwer praktizierbare materiellrechtlich-prozessuale Regelung getreten: § 248 a StGB sieht bei dem Diebstahl geringwertiger Sachen ein Antragserfordernis vor, das bei öffentlichem Interesse an der Strafverfolgung entfallen kann. Ist Strafantrag gestellt, so können die Staatsanwaltschaft oder das Gericht gemäß § 153 StPO dennoch bei geringer Schuld und Verneinung des öffentlichen Interesses an der Strafverfolgung das Verfahren einstellen, ohne daß es der im Regelfall erforderlichen Zustimmung des anderen Strafverfolgungsorganes bedarf (§ 153 Abs. 1 Satz 2, Abs. 2 Satz 2 StPO). Nach § 153 a StPO kann auch bei Vorliegen eines Strafantrags mit Zustimmung des Gerichts von einer Anklage abgesehen werden, wenn bei geringer Schuld des Angeschuldigten durch dessen Wiedergutmachung des Schadens: Zahlung eines Geldbetrages an eine gemeinnützige Einrichtung etc., das öffentliche Interesse an der Strafverfolgung zu verneinen ist. Ebenso kann nach § 153 a Abs. 2 StPO das Gericht verfahren, wenn Staatsanwaltschaft und Angeklagter zustimmen. Diese materiellrechtlich-prozessuale Regelung gilt nicht nur für den Bagatelldiebstahl; auf sie wird auch in den §§ 257, 259, 263, 265 a, 266 StGB verwiesen.

2.2 Kriminologische Daten

Zur Empirie strafrechtlicher Ladendiebstahlsbekämpfung liegt eine umfangreiche ältere und neuere Literatur vor, in der die Warenhausdelinquenz kriminologisch (z. B. *Leppmann* 1901; *Boas* 1916; *Raimann* 1922; *Thiekötter* 1933; *Börm* 1963; *Stephani* 1968; *Blankenburg* 1969; *Händel* 1971; *Rust* 1972; *Peters* 1973; *Lange* 1974; *Kaiser* 1974; *Rössner* 1976 a u. b; *Berkhauer* 1976), kriminalistisch (z. B. *Gegenfurtner* 1961; *Tegel* 1963; *Mey* 1966; *Kalleicher* 1969 u. 1972; *Loitz* 1971; *Droste* 1972; *Becker* 1972; *Kucklick* u. *Otto* 1973) und medizinisch-psychiatrisch (z. B. *Krause* 1963; *Rasch* 1965; *Jarosch* 1968; *De Boor* 1971) untersucht worden ist. Heute können Einzelaspekte als geklärt gelten, wenn auch nicht verkannt werden sollte, daß eine umfassende Aufarbeitung der Materialien aussteht (*Naucke* 1976; *Geerds* 1976). Unter diesem Vorbehalt lassen sich zur tatsächlichen Situation strafrechtlicher Ladendiebstahlsbekämpfung folgende Feststellungen treffen:
a) In der polizeilichen Kriminalstatistik wird der Ladendiebstahl als gesonderte Kategorie erst seit 1963 erfaßt (zu den Einzelheiten sub 8.1). Die Auswertung der registrierten Kriminalität zeigt, daß die Deliktshäufigkeit ständig zugenommen hat. Sie erhöhte sich von ca. 43 000 Fällen im Jahre 1963 auf rund 189 000 Straftaten im Jahre 1974. Das entspricht einer Zuwachsrate von insgesamt 335,2 % (*Loitz* 1975 a).

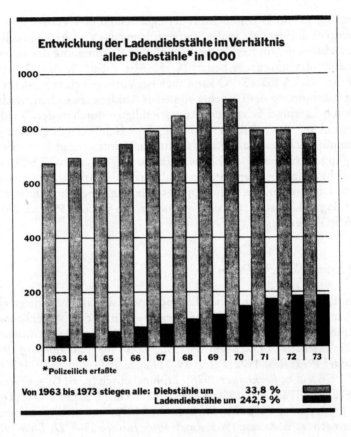

Die polizeiliche Kriminalstatistik für das Jahr 1975 weist 199 049 Fälle aus. Das entspricht einer Zunahme von 5,6 % bei einfachem Diebstahl und von 7 % bei schweren Diebstählen. Der Anteil des Ladendiebstahls an der Gesamtkriminalität ist jedoch 1974 und 1975 gegenüber den Vorjahren zurückgegangen. Zu dem Verhältnis von stehlenden und nicht stehlenden Kunden ist wenig bekannt. *Stephani* (1968, 61) schätzt die Relation auf 1 : 430. *Rössner* (1976 a, 209) berichtet, die Gelegenheit zum Bagatelldiebstahl werde in 99 % der Fälle nicht genutzt.

2.2 Kriminologische Daten

b) Kinder, Jugendliche und Heranwachsende stellen im Verhältnis zur Gesamtbevölkerung einen erheblichen Prozentsatz der Ladendiebe (1975: 34,9 %). Seit 1973 liegt der Anteil der männlichen Ladendiebe über demjenigen der weiblichen Ladendiebe (1973: 52 %; 1974: 53,6 %; 1975: 54,2 %; zur früheren Entwicklung *Cremer* 1974, 83). Besondere Diebstahlspraktiken (Trickdiebstahl etc.) sind nur selten berichtet worden. Die meisten Täter sind Ersttäter; jedoch sind auch Fälle von gewohnheitsmäßiger und bandenmäßiger Begehung des Ladendiebstahls bekannt geworden (*Loitz* 1971; *Lange* 1970, 18; 1974). Motive zum Ladendiebstahl lassen sich statistisch nicht erfassen. Die vorliegenden Untersuchungen erlauben jedoch nicht den Schluß, daß es sich um ein Vergehen handelt, das in der Mehrzahl der Fälle aus „Krankheit" („Kleptomanie") oder „Not" begangen wird. Eine Relation zu Brot- und Lebensmittelpreisen (*Mayr* 1877, 346) ist seit 1920 nicht mehr festzustellen (*Mergen* 1967, 439). Überwiegend wird dieses Delikt der Wohlstandskriminalität und Begehrlichkeitsdelinquenz zugerechnet.

c) Diese Daten werden häufig mit den Ergebnissen der neueren Dunkelfeldforschung verglichen (Nachweise bei *Schoreit* 1976 a), die sich mit dem Unterschied zwischen tatsächlicher und registrierter Kriminalität beschäftigt. Insoweit liegen allerdings verläßliche Daten nicht vor; die wissenschaftlich exakteste und ausführlichste Dunkelfelduntersuchung, die Göttinger Dunkelfeldstudie (*Schwind* et al. 1975), mußte den Ladendiebstahl aus methodischen Gründen ausklammern. Die Dunkelziffer wird zwischen 90 (*Stephani* 1968, 59) bis 99 % (*Blankenburg* 1969, 810) geschätzt. *Schoreit* (1976 a, 52) meint sogar, es sei von 40–50 Millionen tatsächlich begangener Delikte auszugehen und überdies wahrscheinlich, daß der Polizei nur jede zweihundertste Tat bekannt werde.

d) Wegen der Unsicherheiten der Dunkelfeldschätzung lassen sich exakte Schadensberechnungen nur schwer ermitteln: Der Durchschnittswert der Einzelbeute wird auf 35–40 DM beziffert; er divergiert jedoch nach Alter des Diebes erheblich.
Auch exakte Gesamtschadensschätzungen liegen nicht vor. Sie werden zwischen weniger als 60 Millionen (*Bethge* 1966) bis zu 2,5 Milliarden (*Schwarzbuch* o. J.) angegeben. Die Unsicherheiten der Schadensermittlung beruhen im wesentlichen darauf, daß Einigkeit über den Stellenwert der Dunkelziffer nicht zu erreichen ist und jede Berechnung

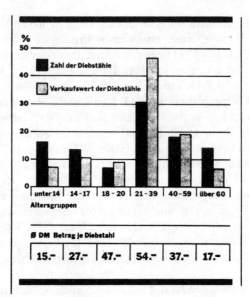

außerdem auf der Grundlage der sogenannten Inventurdifferenz vorzunehmen ist, die neben den durch Kundendiebstahl verursachten Verlusten auch andere Manki wie Bruch, Verderb, Mitarbeiterdiebstähle und sonstigen Schwund umfaßt.

2.3 Der Ladendiebstahl, ein Wirtschaftsdelikt?

a) Trotz aller Unsicherheiten der Schadensberechnung ist aber letztlich unbestreitbar, daß dem aus Ladendiebstählen resultierenden Gesamtschaden volkswirtschaftliche Dimension zukommt. Geht man zur Verdeutlichung des Problems von einem fiktiven Mittelwert von 1 Milliarde DM jährlich aus (*Schoreit* 1976 a, 50), so liegt dieser Betrag nahe an den Schadenssummen, die zur Normierung spezieller Tatbestände in dem kürzlich eingebrachten 1. Gesetz zur Bekämpfung der Wirtschaftskriminalität führten (*Tiedemann* 1974, 19). Die Summe entspricht den Einnahmen aus der gesamten Vergnügungs- und Getränkesteuer der Bundesrepublik Deutschland für das Jahr 1974 oder dem Monatsgehalt der Hälfte aller im deutschen Einzelhandel 1974 beschäftigten Erwerbspersonen (*Holtzhausen* 1975, 44).

b) Die Zuordnung des Ladendiebstahls zur Wirtschaftskriminalität (1.2 c) wird denn auch im wesentlichen auf die Gesamtschadensentwicklung gestützt. Allerdings ist jenseits aller Abgrenzungsschwierigkeiten von Wirtschaftsstrafrecht und Kernstrafrecht (*Tiedemann* 1976 a, 50 ff.) nicht von Wirtschaftsdelinquenz im engeren Sinne auszugehen: Der Schaden allein macht noch keine Wirtschaftsstraftat. Gravierende, wenn auch nicht ganz so spektakuläre Schadensberechnungen lassen sich für nahezu jede Straftat aufstellen, je nachdem in welchem Umfang man wirtschaftliche Folgeschäden mit einbezieht. Selbst die Deliktshäufigkeit gibt dazu keine Veranlassung: Ladendiebstahl bleibt Diebstahl, auch wenn es viele Diebe gibt. Weder ist ein ,,überindividuelles Rechtsgut" noch eine besonders raffinierte, neuartige oder gar gefährliche Begehungsweise ersichtlich, die auf etwaige Unzulänglichkeiten bei der Erfassung relevanten Verhaltens hinwiese. Rechtsgut der materiellen Strafrechtssätze (§§ 242, 248 a StGB) ist das konkret-individuelle Eigentum, sei es dasjenige des umsatzschwachen Einzelhändlers – in der wirtschaftlichen Terminologie: kleiner Sortimenter, in der neueren Reformdiskussion prägnant ,,Tante Emma" genannt –, sei es dasjenige eines Warenhauskonzerns, also in der Regel einer juristischen Person. Wirtschaftliche, den Gesamtschaden betreffende Erwägungen, wohlgemerkt nicht wirtschaftsstrafrechtliche Gesichtspunkte, können allenfalls dann Berücksichtigung finden, wenn es bei fehlendem Strafantrag um die Bejahung des öffentlichen Interesses an der Strafverfolgung geht (2.1): Beim Ladendiebstahl zieht der Gesamtschaden durch Preisüberwälzung an den Konsumenten und Gewinnabhängigkeit der Steuern letztlich auch die Allgemeinheit in Mitleidenschaft. Unter diesem Gesichtspunkt ist das öffentliche Interesse regelmäßig zu bejahen (*Dreher* 1976; *Eser* 1976). An dieser Einschätzung wird sich auch de lege ferenda nichts ändern. In der gesamten Reformdiskussion ist meines Wissens jedenfalls noch nicht die Forderung erhoben worden, den Ladendiebstahl als volkswirtschaftlich relevantes Eigentumsdelikt härter zu bestrafen.

2.4 Zur Wirksamkeit strafrechtlicher Bekämpfung

Scheidet damit die Verschärfung der Strafandrohung als Bekämpfungsmittel von vornherein aus, so bleibt die Frage nach der Effizienz des geltenden Strafrechts zu beantworten. Gestützt auf statistische Ergebnisse und Erwägungen über das Dunkelfeld findet sich nicht selten der Hinweis auf einen faktischen Rückzug des Strafrechts aus dem Bereich der Ladendiebstahlsdelinquenz (z. B. AE – GLD 1974); *Arzt* 1974; 1976; *Lange* 1976; *Meurer* 1976; *Rössner* 1976 a u. b; *Schoreit* 1976 a u. b).

a) Aus dem ständigen Ansteigen der in der polizeilichen Kriminalstatistik registrierten Deliktshäufigkeit kann allerdings nicht gefolgert werden, die Bekämpfung des Ladendiebstahls sei *absolut* ineffizient. Ein anderes Bild ergibt sich nämlich, wenn man den Anteil dieser Vergehen an der Gesamtkriminalität zum Vergleich heranzieht. Dieser Anteil betrug 1963 2,6 %; er steigerte sich bis zum Jahre 1973 auf 7,26 %. In den Jahren 1974 und 1975 lag er hingegen mit 6,9 % und 6,82 % unter den Zahlen von 1971–1973. Worauf dieser Rückgang zurückzuführen ist, ist noch nicht empirisch untersucht worden. *Lange* (1976, 183) bezieht sich auf die Praxis der Warenhäuser, Schadensersatz zu fordern und jeden Ladendieb anzuzeigen. Der Einzelhandel begründet ihn mit konsequenter Vorbeugungs- und Verfolgungstaktik (*Zöllner* 1976, 212); bei *Loitz* (1975 a) findet sich der Hinweis auf die allgemeine wirtschaftliche Rezession. Jedenfalls zeigen diese Erwägungen, daß von einer *absoluten* Wirkungslosigkeit des Strafrechts nicht auszugehen ist.

b) Diese Feststellung kann auch nicht mit Hinweisen auf die Dunkelziffer in Frage gestellt werden. Im Blick auf die Wirksamkeit des Strafrechts sind solche Folgerungen schon wegen der ungesicherten tatsächlichen Grundlagen (2.2 c) nur in geringem Umfang möglich. Das Dunkelfeld stellt generelle Probleme bei jeder Straftat (*Wehner* 1957). Es besteht nicht nur beim Ladendiebstahl, sondern selbst bei Delikten im sozialen Nahraum, wie Notzucht oder auch Mord. Kriminalität ist in weiten Bereichen ein Massenphänomen; das Bestehen einer Dunkelziffer ist insoweit nichts Besonderes (*Kerner* 1973; *Schneider* 1975).

c) Gesicherte empirische Daten zur Verfolgungspraxis der Staatsanwaltschaften und Gerichte liegen nicht vor. Insoweit kann allenfalls auf persönliche Erfahrungsberichte zurückgegriffen werden (Überblick bei *Naucke* 1976, 66). So teilt z. B. *Kramer* (1974, 66) für den alten Rechtszustand mit, in Berlin würden Diebstahlsanzeigen gegen Ersttäter von der Polizei nicht mehr bearbeitet und die Staatsanwaltschaft stelle ohne weiteres jedes Verfahren ein, bei dem der Schaden unter

100,– DM liege. Inwieweit dieser Bericht repräsentativ ist und wie die Situation heute bei den erleichterten Einstellungsmöglichkeiten nach §§ 153, 153 a StPO ist, muß offenbleiben. Wegen der großen Zahl der Delikte konnte – jedenfalls nach altem Recht – von einer ordnungsgemäßen Strafverfolgung ebensowenig die Rede sein, wie von einer zureichenden generalpräventiven Wirkung des materiellen Strafrechts auszugehen war.

d) Man wird aber eine relative und beschränkte Wirksamkeit des Strafrechts als Mittel zur Bekämpfung des Ladendiebstahls nicht bestreiten können. Die Forderungen, den Ladendiebstahl aus dem Bereich des Kernstrafrechts herauszunehmen (1.1), werden denn auch – soweit ersichtlich – nicht damit begründet, die strafrechtliche Bekämpfung sei absolut ineffizient. Die Forderung nach Entkriminalisierung setzt ja gerade voraus, daß eine Stigmatisierungswirkung des Strafrechts vorhanden ist. Die Debatte konzentriert sich insoweit auf die Frage, ob diese Kriminalisierung im Blick auf den Bagatellcharakter des Delikts vertretbar ist. Freilich wird jede kriminalpolitische Alternative zum geltenden Recht u. a. zwei Aspekte zu berücksichtigen haben: Sie muß einerseits zur wirtschaftlichen Gesamtschadensminderung zumindest in gleichem Umfang wie das Strafrecht beitragen und andererseits dem hohen Anteil der Kinder-, Jugendlichen- und Heranwachsendendelinquenz gerecht werden. Insoweit besteht gerade ein besonderes Interesse an strafrechtlicher Prävention und jugendstrafrechtlicher-erzieherischer Ahndung. Zwar wird nicht jeder jugendliche Ladendieb kriminell, aber eine große Zahl krimineller Karrieren beginnt mit dem Ladendiebstahl.

3. Die Bekämpfung des Ladendiebstahls durch die Vertriebswirtschaft

3.1 Zur Notwendigkeit wirtschaftlicher Bekämpfung

Auf Grund der beschränkten Effizienz des Strafrechts und der – vom Standpunkt des Einzelhandels – „schlecht funktionierenden Justiz"

(*Zimmerer* 1965) ergibt sich aus betriebswirtschaftlichen Erwägungen sowie unter volkswirtschaftlichen Aspekten die Notwendigkeit eigenständiger Diebstahlsbekämpfung:
a) Die Inventurdifferenzen, d. h. die wertmäßigen Unterschiede zwischen dem fortgeschriebenen und dem an einem Stichtag ermittelten Warenbestand, sind von 1960 bis 1972 von 0,5 % auf über 1,3 % des jährlichen Gesamtumsatzes angestiegen (*Holtzhausen* 1975). Neben Organisationsmängeln: Fehler bei Warenlieferung, Preisauszeichnung, Leergutrücknahme, Kassenfehler, Schwund, Verderb, Bruch (*Schreiterer* 1958; *Gasser* 1973; *Zöllner* 1976), ist Ladendiebstahl als wesentlicher Verlustfaktor anzusehen. Der Bundesverband der Selbstbedienungswarenhäuser schätzt den Anteil von Personal- und Kundendiebstählen auf 60–70 % (*Wichmann* 1972); die Karstadt AG kommt zu dem Schluß, Inventurdifferenzen seien zu je einem Drittel auf Kundendiebstähle, Personaldiebstähle und Organisationsmängel zurückzuführen (Industriemagazin 1973, 60). Diese Ergebnisse werden durch Erhebungen bei Testfirmengruppen bestätigt (*Zöllner* 1976, 180). Amerikanische Schätzungen gehen allerdings von einem 70 %-Anteil der Personaldiebstähle aus (*Zeitlin* 1971; *Cohen* 1973). Dieser Prozentsatz läßt sich jedoch für die Bundesrepublik Deutschland nicht belegen (*Kalleicher* 1972; *Zöllner* 1976).
b) Inventurdifferenzen auf Grund von Ladendiebstahl sind volkswirtschaftlich unerwünscht: Sie gehen entweder zu Lasten des Gewinns und führen somit wegen des Hebesatzes der gewinnabhängigen Steuern zu geringeren fiskalischen Einnahmen, oder sie werden zumindest teilweise in die Verbraucherpreise einkalkuliert (*Giessler* 1975; *Wollschläger* 1976), was den Preisauftrieb begünstigen kann. Die Verluste werden letztlich immer über Preise oder Steuerausfall auf die Allgemeinheit abgewälzt (*Tesmann* 1973).
c) Inventurdifferenzen haben unmittelbare Auswirkungen auf das Betriebsergebnis und mittelbar Konsequenzen für die Wettbewerbsfähigkeit der Einzelhandelsgeschäfte: Nach *Zöllner* (1976, 160) ist ein Diebstahlsverlust nur mit ca. 20-fachem Umsatz kompensierbar. Diese Relation verschiebt sich jedoch wegen der unterschiedlichen Gewinnspannen je nach Vertriebsform. Für jeden gestohlenen Artikel muß die gleiche Ware in einem Supermarkt ca. 19 mal, in einem Discountladen 29 mal und in einem kleinen Einzelhandelsgeschäft 8 mal verkauft werden, um den Diebstahlsverlust wettzumachen (*Gasser* 1973). Dar-

aus ergeben sich besondere Probleme der Kalkulation und der Preispolitik *(Tesmann* 1973; *Meier* 1974; *Zöllner* 1976). Nach *Kosiol* (1953) können auf Diebstahl zurückzuführende Manki in der Vorkalkulation durch Aufschlag bei der Festlegung von Selbstkosten- und Endverkaufspreis zwar grundsätzlich berücksichtigt werden; jedoch ist die genaue rechnerische Erfassung der Verluste wegen der Unsicherheiten der Schadensschätzung nicht möglich und überdies eine Prognose der Diebstahlsentwicklung unsicher. Diese Verluste können deshalb allenfalls als pauschaler Kalkulationsfaktor Berücksichtigung finden, der in der Nachkalkulation überprüft werden kann. In welchem Umfang Diebstahlsverluste über die Preise abgewälzt werden, ist letztlich nicht nur eine Frage der kalkulatorischen Entscheidungsbasis, sondern der Preispolitik der Unternehmen. Die erzielbaren Endverbrauchspreise sind von der Wettbewerbssituation abhängig; die Möglichkeit, Verluste weiterzugeben, hängt stark von der jeweiligen Marktlage ab.

d) Dieses Ergebnis zeigt, daß jede generalisierende Betrachtungsweise weder dem betriebswirtschaftlichen Preisbildungsprozeß noch den volkswirtschaftlichen Marktmechanismen gerecht wird: Die pauschale Behauptung, betriebswirtschaftliche Manki seien nicht vorhanden, weil sämtliche Diebstahlsverluste über die Preise abgewälzt würden, ist ebenso unrichtig wie die Meinung, volkswirtschaftlich entstehe kein Schaden, weil die Defizite vom Einzelhandel „als Zustandsverursacher" getragen würden. Aus der kalkulatorischen und preispolitischen Unsicherheit über den Endverbleib der Verluste kann der einzelne Wirtschafter nur die Konsequenz ziehen, den Ladendiebstahl direkt zu bekämpfen. Dadurch werden die aus Inventurdifferenzen entstehenden Probleme der Verlust*abwälzung* minimiert, weil ein Teil der Manki unmittelbar vermieden werden kann.

3.2 Ökonomische Faktoren des Ladendiebstahls

Die Bekämpfung des Ladendiebstahls durch den Einzelhandel erfolgt nach wirtschaftlichen Gesichtspunkten. Über Einzelmaßnahmen zur Verhinderung, Entdeckung und Schadensabwälzung wird auf Grund ökonomischer Faktorenanalyse (*Zöllner* 1976) entschieden, in der Diebstahlsmöglichkeit und betriebliche Ertragssituation abzuwägen sind. Als Ursachen kommen neben bereits untersuchten Faktoren (2.2)

insbesondere Werbung, Vertriebsform und Warenpräsentation in Betracht.
a) Aggressive Formen der Warenwerbung, wie sie u. a. *Packard* (1973) eindrucksvoll für die USA beschrieben hat, werden nicht selten mit der Zunahme der Ladendiebstahlshäufigkeit in Zusammenhang gebracht. Diese Form der Verkaufsförderung „orientiert sich kalt und nüchtern am Verkaufserfolg, nimmt in Kauf, daß bis dahin rechtschaffene Bürger in den Sog der Kriminalität geraten und kalkuliert die möglichen Verluste durch Diebstahl bereits bei der Preisbildung ein (*Niggemeyer* 1967, 298)." „Der Wunsch extensiv zu wirtschaften und zu verkaufen, ist unvereinbar mit dem illusorischen Verlangen nach Sicherheit und Schutz vor den in Aktion gesetzten Begehrlichkeitstrieben eines immer größer werdenden illegalen Anteils der Käufermenge (*Ederle* 1972, 394)."
Die behaupteten Zusammenhänge zwischen Diebstahl und Werbung sind zwar oft beschrieben (z. B. *Wälde* 1972; *Kramer* 1975), bislang aber empirisch nicht bestätigt worden. *Kalleicher* (1976, 16) kommt in einer Untersuchung über Fernsehwerbung und Diebstahlshäufigkeit zu dem Ergebnis, eine Kausalität sei nicht nachweisbar. *Giessler* (1975, 34) berichtet, einerseits habe ein hoher Werbeaufwand keine gesteigerte Diebstahlsquote nach sich gezogen, andererseits „wird dort genausoviel gestohlen, wo überhaupt kein Werbeaufwand getrieben wird."
Diese Feststellung ändert nichts daran, daß unlautere, übertriebene und aggressive Werbung abzulehnen ist. Sie zielt auf die unzulässige Beeinträchtigung der wirtschaftlichen Dispositionsfreiheit und ist als Mißbrauch marktwirtschaftlicher Möglichkeiten zu werten. Die Verhinderung dieser Marketingformen ist jedoch kein Spezialproblem des Ladendiebstahls und der Vertriebswirtschaft, da die Warenwerbung überwiegend von der Produktionsindustrie betrieben wird. Insoweit bleibt neben der Überprüfung eigener Werbestrategien nur der Versuch, über Zusammenschlüsse der gewerblichen Wirtschaft unlautere Formen der Werbung zu unterbinden. Allerdings ist auch heute noch weitgehend ungeklärt, an welchem Maßstab zulässige und unzulässige Werbung zu messen sind: Soll man von dem Idealbild des „mündigen Bürgers" ausgehen oder sich an dem durchschnittlichen Intelligenzquotienten der Bevölkerung orientieren? „Die letztere Auffassung (der Zivilrechtsprechung) schützt zwar im Rahmen der §§ 3, 4 UWG

3.2 Ökonomische Faktoren des Ladendiebstahls

tendentiell grundsätzlich auch den ‚unmündigen' Bürger, verkennt aber im einzelnen gerade bei der Beurteilung der übertreibenden Reklame das Wissen und Verstehen breiter Adressatenschichten... Damit hätte (bzw.: hat) sich der Werbende vor dem Tribunal einer unsicheren öffentlichen Meinung ... zu verantworten' " (*Tiedemann* 1976 b, 33 f.). Bei dieser Abwägung darf nicht verkannt werden, daß jede Werbung notwendig darauf abstellen muß, die Wahl zwischen mehreren Produkten zu beeinflussen. Sie setzt damit die Möglichkeit einer unabhängigen Käuferentscheidung ebenso voraus, wie ein umfangreiches Warenangebot. Die Prinzipien der freien Konsumwahl und des Wettbewerbs gehören zu den Grundlagen einer funktionierenden Marktwirtschaft. Innerhalb dieses Rahmens dient Werbung der Schaffung neuer Märkte, ermöglicht Marktübersicht und fördert den Wettbewerb.

Diese Überlegungen sind zu berücksichtigen, wenn es um wirtschaftliche Motivationszusammenhänge zwischen Aneignungsdelinquenz und Marketing geht. Bloße Mutmaßungen über Ladendiebstahl und Werbung werden den komplexen Zusammenhängen jedenfalls nicht gerecht.

b) Es liegt nahe, die Steigerungsraten der Ladendiebstahlsdelinquenz (2.2 a) mit Strukturveränderungen der Vertriebsform zu erklären. So werden denn auch Zusammenhänge zwischen Selbstbedienung und Ladendiebstahl häufig beschrieben: z. B. heben *Mey* (1966, 313) und *Loitz* (1972, 5) hervor, die räumlichen Gegebenheiten erleichterten den Ladendiebstahl und führten zur Massendelinquenz. *Rust* (1972, 1) betont, in der Trennung von Verkauf und Kassiervorgang liege Gelegenheit und Versuchung, Waren der korrekten Abrechnung zu entziehen. Nach *Arzt* (1974, 694) ist erklärtes Ziel der Selbstbedienung die Schaffung einer Versuchssituation. Der „Greifimpuls..." werde ausgelöst (*Arzt*), „der Hemminstinkt ... eingelullt" (*Wälde* 1972, 2295). Aus der „Verlockung zum Konsum ohne Rücksicht auf finanzielle Konsequenzen" ergäben sich u. a. „die diebstahlsstimulierenden Eigenschaften des modernen Selbstbedienungsverkaufes" (*Wälde*). Nach *Schoreit* (1976 a, 50) ist sogar von der „schuldhaften" Ausgestaltung des Selbstbedienungssystems auszugehen, das auf „kurzsichtige Geschäftemacherei" (1976 b, 167) hinauslaufe.

Diese zum Teil tendenziösen Behauptungen sind unrichtig, soweit sie auf einen Kausalzusammenhang zwischen Ladendiebstahl und Selbst-

3. Bekämpfung durch die Vertriebswirtschaft

bedienung abstellen: Die sprunghafte Zunahme der Selbstbedienungsläden liegt mehrere Jahre vor dem starken Anstieg der Deliktshäufigkeit (Einzelheiten sub 8.4). Von 1966 bis 1969 erhöhte sich die Zahl der Häuser nahezu um das Siebenfache (*Lange* 1974, 132). Ab 1968 ist jedoch eine Stagnation in der Entwicklung festzustellen. Seit 1971 geht die Zahl der SB-Läden sogar zurück. Die Anzahl der erfaßten Diebstähle stieg dagegen 1966 bis 1969 von rund 69 000 auf 116 000, seitdem aber auf rund 200 000 (1975). Demgegenüber liegt die Zahl der Selbstbedienungsgeschäfte heute unter dem Stand von 1967 (*Zöllner* 1976, 139).
Eine statistisch signifikante Korrelation könnte demgegenüber allenfalls zwischen Umsatzsteigerung und Diebstahlshäufigkeit bestehen (Einzelheiten sub 8.4). Zöllner (1976, 142) vermutet auf Grund eingehender Einzelanalysen, daß die starke umsatzmäßige Ausweitung der größeren Vertriebseinheiten die Ladendiebstahlsdelinquenz begünstigt haben könnte. Auf jeden Fall sei ,,tendenziell ein Gleichschritt zwischen der Entwicklung der Diebstähle und der umsatzmäßigen Ausweitung" festzustellen. Hinzu komme, daß bei den Großbetrieben die Inventurdifferenzen erheblich über dem sonstigen Niveau lägen. ,,Eine Beweisführung im Sinne eines Kausalzusammenhanges konnte nicht erbracht werden, höchstens in Richtung eines Motivationszusammenhanges, der aber vor dem Hintergrund der ökonomischen Verhältnisse und Entwicklungen im allgemeinen wie auch deren beachtliche Einflüsse auf die Kriminalität im Speziellen gesehen werden muß" (*Zöllner* 1976, 145).
Forderungen, die Selbstbedienung abzuschaffen, um die Versuchung zum Diebstahl zu beseitigen (z. B. *Modigh* 1972, 53), können nach alledem jedenfalls nicht mit empirischen Daten begründet werden. Sie gehen überdies von einer falschen Einschätzung der vertriebswirtschaftlichen Situation aus. Der wirkliche Grund für die Entstehung und das Anwachsen der SB-Läden sowie für die Umstellung von Verkäuferläden auf diese Vertriebsform lag in dem Zwang zur Kostenersparnis namentlich bei dem gestiegenen Personaletat und bei dem akuten, selbst heute spürbaren Personalmangel auf der negativen, bei der Geschäftsidee der dadurch und durch massenweisen gleichartigen Großeinkauf möglichen Angebote zu Billigpreisen auf der positiven Seite. Ohne diese Verkaufsform wäre die preiswerte Versorgung auf einer für die breiten Schichten der Bevölkerung, namentlich auch für

3.3 Wirtschaftliche Bekämpfungsmaßnahmen

Rentner und sonstige wirtschaftliche Marginalgruppen, erschwinglichen Ebene überhaupt nicht mehr möglich. Daß das Motiv beim Betrieb von SB-Läden nicht das Erweisen sozialer Wohltaten, sondern Gewinnstreben ist, versteht sich wie bei jedem Gewerbebetrieb von selbst. Auch „Tante Emma" wollte verdienen. Möglich ist diese volkswirtschaftlich unentbehrlich gewordene Betriebsform aber nur, wenn man sie so sparsam – statt verlockend – aufzieht wie es eben geht, vor allem aber, wenn man dem Kunden die Ware anvertraut, indem er sie an sich nimmt und selbst zur Kasse bringt. Das schließt freilich nicht aus, daß Versuche unternommen werden, erkannte Diebstahlsquellen im Rahmen des wirtschaftlich Vertretbaren soweit wie möglich einzudämmen.

c) Als diebstahlsmotivierender Faktor kommt letztlich die moderne Warenpräsentation in Betracht (z. B. *Mey* 1966; *Niggemeyer* 1967; *Ederle* 1972; *Malevez* 1973; *Kramer* 1974; 1975). Dabei spielen bauliche Gestaltung der Verkaufsräume, Masse, Standort, Verpackung und Sortimentsstruktur der Ware eine große Rolle (*Zöllner* 1976). Das Postulat der Selbstverkäuflichkeit der Ware, durch das die personelle Beratung weitgehend abgelöst wurde, erfordert eine attraktive Waren- und Verpackungsgestaltung. Die heute gebräuchlichen kleinen Mengeneinheiten erhöhen Diebstahlsträchtigkeit und Diebstahlsmöglichkeit. Die Bedeutung der verkaufsanregenden Wirkung der Verpackung für den Umsatz nimmt zu. Hier wird ein Interessenkonflikt zwischen Verkaufsstimulation und Diebstahlsgefährdung deutlich, der nur schrittweise über die genaue Beobachtung von Käuferverhalten und Diebstahlsfrequenz zu lösen ist. Wertvolle Hilfen bietet das „Merkblatt Ladendiebstähle" (8.6), das die bei warenspezifischer Ladendiebstahlsbekämpfung gewonnenen Erfahrungen zusammenfaßt und ständig auf den neuesten Stand gebracht wird. Umfangreiche Informationen wurden zudem durch eine groß angelegte statistische Erhebung der Vertriebswirtschaft (8.3) gewonnen, die *Zöllner* (1976) weiter ausgewertet hat.

3.3 Wirtschaftliche Bekämpfungsmaßnahmen

Unter Berücksichtigung kriminologischer Daten (2.2) und wirtschaftlicher Erwägungen, insbesondere aber auch der betriebswirtschaftlichen Erhebungen des Einzelhandels (8.3; 8.4) kommen zur Bekämpfung des Ladendiebstahls personalbezogene, warenbezogene und kundenbezogene Maßnahmen in Betracht.

a) Personalbezogene Maßnahmen müssen sich auf die Verhinderung von Personaldiebstählen und auf die Prophylaxe und Aufdeckung von Kundendiebstählen richten. Um hierbei Erfolge zu erzielen, ist es erforderlich, die Angestellten durch betriebliche Ausbildung und in besonderen Schulungskursen über Sozialschädlichkeit des Ladendiebstahls, Praktiken der Diebe, Tatzeit etc., deren signifikante persönliche Daten (Alter, Beruf, Geschlecht usw.), warenbezogene Aspekte u. v. m. aufzuklären (*Müller* 1973; *Holtzhausen* 1975). Dazu gehört auch die Unterweisung über den Umgang mit ertappten Ladendieben, Sicherstellung der Ware und Aufnahme eines Berichtes (sub 8.5). Um Motivation und Aufmerksamkeit bei der Diebstahlsbekämpfung zu erhöhen, ist es notwendig, Ergreifungsprämien auszusetzen (*Blankenburg* 1969; *Mertesdorf* 1973; *Lange* 1976). Zur Vermeidung strafbarer Handlungen muß darauf hingewiesen werden, daß Schadensersatzforderungen nicht mit Drohung, Zwang oder Gewalt durchgesetzt werden dürfen und die Erstattung von Strafanzeigen in keinem Fall von der Zahlung eines Geldbetrages abhängig gemacht werden kann (Einzelheiten 8.5).

b) Unter warenbezogenen Aspekten kommt es vor allem auf Maßnahmen zur Sicherung und Überwachung an. Der Sicherung dient insbesondere die Verpackungsgestaltung: Bliesterpackungen, sicherer Warenverschluß, inhaltsgerechte Verbraucherpackungen etc. (Überblick bei *Malevez* 1973; *Scheuch* 1974) werden von der Verpackungsindustrie bereits angeboten und in der Vertriebswirtschaft verwendet. Aus der Sicht des Einzelhandels wird auf Grund betriebswirtschaftlicher Erwägungen sogar gefordert, verpackungsrelevante Kriterien der Diebstahlsgefährdung nach DIN-Normen zu erfassen (*Zöllner* 1976, 263). Die Eigensicherung ist durch Fremdsicherung: Einsatz von Ketten und Kabeln bei hochwertigen Warengruppen zu erhöhen. Besonders diebstahlsgefährdete Artikel sollten in Glasvitrinen aufbewahrt werden, eine Forderung, der weitgehend bereits entsprochen wurde. Die Warenüberwachung kann durch personelle Maßnahmen (Überwachungsorganisationen, Hausdetektive, Personal) und durch technische Überwachungssysteme: Fernsehanlagen, Kontrollspiegel, opti-

3.3 Wirtschaftliche Bekämpfungsmaßnahmen

sche und akustische Anzeigesysteme (*Daverkausen* 1973; *Weisenberger* 1975; *Zöllner* 1976) noch weiter verbessert werden.

c) Kundenbezogene Maßnahmen betreffen einerseits die Diebstahlsprophylaxe durch technische Vorrichtungen wie z. B. Einführung des ,,Taschenabgabesystems" (*Zöllner* 1976, 217) und durch die Entwicklung besonderer Einkaufswagen mit Taschenfach (*Sterling* 1975, 26). Der Diebstahlsaufdeckung dient die Auslobung von Ergreifungsprämien für Kunden; zur Prävention und Verlustminderung sollen Hausverbote, ausnahmslose Strafanzeigenerstattung und die – umstrittene – Schadensersatzforderung von ertappten Ladendieben beitragen.

d) Ein anschauliches Bild der tatsächlichen Entwicklung vermitteln die Erhebungen von *Holtzhausen* (1975, 50): Nach Umfrageergebnissen bei der Katag AG-Einkaufsverband, der nicht nur Groß- und Mittelbetriebe angeschlossen sind, haben 82 % der Mitgliedsfirmen in den letzten beiden Jahren ihre Mitarbeiter geschult, 31 % haben einfache technische Hilfsmittel zur Diebstahlsverhütung eingesetzt und ihr Verkaufssystem (z. B. Standort der Kassenstände, Möblierung der Ankleidekabinen) angepaßt. 12 % haben zusätzliche Radarsicherungen installiert, 16 % die Kontrollen durch Wach- und Schließgesellschaften verstärken lassen. In 35 % der Firmen wurden zusätzliche Spiegel in den Verkaufsräumen angebracht. 71 % bringen jeden gefaßten Ladendieb zur Anzeige, 72 % zahlen eine Ergreifungsprämie an Kunden und Personal. 78 % der Firmen erteilen ertappten Ladendieben Hausverbot (weitere Umfrageergebnisse sub 8.4 sowie bei *Deutsch* 1976 b, 90).

e) Nach Entdeckung des Ladendiebstahls wird dem Täter das Diebesgut abgenommen und an den Verkaufsstand zurückgebracht. Der Dieb wird in einen gesonderten Raum gebeten, in dem die Personalien erfragt und sog. Protokolle aufgenommen werden. Seit 1973 ist der Einzelhandel dazu übergegangen, Schadensersatz für die Zahlung der Ergreifungsprämie und den Bearbeitungsaufwand zu verlangen. Nachdem zunächst Pauschalbeträge gefordert wurden, geht man inzwischen dazu über, abgestuften Schadensersatz je nach Bearbeitungsaufwand und Höhe der Ergreifungsprämie zwischen DM 20,– (Mindestsatz) und DM 50,– (Höchstsatz) zu verlangen. Regelmäßig wird der Täter aufgefordert, ein entsprechendes Schuldanerkenntnis zu unterzeichnen (Einzelheiten sub 8.5).

3.4 Zur Wirksamkeit wirtschaftlicher Bekämpfungsmaßnahmen

Die Wirksamkeit wirtschaftlicher Bekämpfungsmaßnahmen ist allenfalls mittelfristig exakt meßbar. Dennoch liegen eine Reihe von Anhaltspunkten vor, daß sich Investitionen zur Verhinderung und Aufklärung von Diebstählen amortisieren. Auch blieb die Praxis, von ertappten Ladendieben Schadensersatz zu fordern, nicht ohne Erfolg. Die Gesamtinventurdifferenzen, die von 1960 bis 1972 von 0,5 % auf über 1,3 % des jährlichen Gesamtumsatzes stiegen, betrugen 1973 nur noch 1,1 % und gingen 1974 auf 1,0 % zurück.

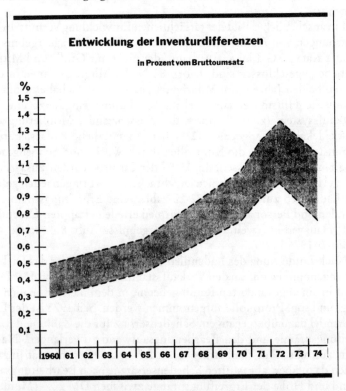

Dieses Resultat spiegelt sich auch in einer Einzelerhebung von Inventurdifferenzen der Karstadt AG, die *Zöllner* (1976, 186) eingehend analysiert hat: „Mögliche Ursachen für

3.4 Zur Wirksamkeit wirtschaftlicher Maßnahmen

Entwicklung der Ladendiebstähle und der Inventurdifferenzen bei einer Warenhausgesellschaft von 1967 – 1974

Jahr	Inventurdifferenzen (Vk. m. S.)			Kundendiebstähle		Warenwerte	
	absolut in DM	in % z. Vj.	in % vom Umsatz	Anzahl	in % z. Vj.	absolut in DM	in % z. Vj.
1967	19.529.100	–	0,68	13.058	–	180.478	–
1968	23.826.700	+ 22,0	0,77	15.041	+ 15,2	220.525	+ 22,2
1969	28.595.000	+ 20,0	0,85	15.466	+ 2,8	288.047	+ 30,6
1970	41.949.500	+ 46,7	1,06	21.630	+ 39,9	411.509	+ 42,9
1971	55.074.100	+ 31,3	1,21	27.987	+ 29,4	602.977	+ 46,5
1972	69.296.200	+ 25,8	1,37	33.604	+ 20,1	881.392	+ 46,2
1973	74.678.100	+ 7,8	1,32	28.544	– 15,1	821.554	– 6,8
1974	63.698.000	– 14,7	1,0	25.795	– 9,6	878.241	+ 6,9

Quelle: Statistik des Karstadt-Konzerns

3. Bekämpfung durch die Vertriebswirtschaft

diese Entwicklung ... können einmal das Wohlverhalten potentieller Ladendiebe in Zeiten wirtschaftlicher Rezession sein, sowie hauptsächlich Abschreckung von Ladendieben durch konsequente Fortsetzung der diebstahlsverhindernden Maßnahmen, wobei besonders die 1974 in dieser Einzelhandlung erfolgte Einführung der Schadensersatzforderung von Ladendieben zu erwähnen wäre."

Entwicklung der Ladendiebstähle bei einer Warenhausgesellschaft unter Berücksichtigung der Einführung von Schadenersatzforderungen 1973/1974

Monate	Zahl der Diebstähle 1973	1974	Veränderungen zum Vorjahr abs.	in %
Januar	-	2214	-	-
Februar	-	2073	-	-
März	-	1958	-	-
Zwischensumme	6085+)	6245	+ 158	+ 3 %
April	2000	1503++)	- 497	- 25 %
Mai	2101	1365	- 736	- 35 %
Juni	1873	1302	- 571	- 30 %
Juli	1867	1575	- 292	- 16 %
August	1949	1417	- 532	- 27 %
September	1981	1490	- 491	- 25 %
Oktober	2237	1857	- 380	- 17 %
November	2149	1878	- 271	- 13 %
Dezember	2340	2017	- 323	- 14 %
Insgesamt	24584	20649	- 3935	- 16 %

+) Bis zu diesem Zeitpunkt keine monatliche Unterteilung
++) Beginn der Schadenersatzforderungen

Quelle: Statistik der Karstadt AG

Die Entwicklung wird durch die polizeiliche Kriminalstatistik bestätigt, die seit 1974 einen abnehmenden Anteil der Ladendiebstahlsdelinquenz im Verhältnis zur Gesamtkriminalität registriert (vgl. sub 2.4 a; 8.1).
Diese Daten lassen auch bei zurückhaltender Wertung nicht den Schluß zu, wirtschaftliche Maßnahmen gegen den Ladendiebstahl seien wirkungslos. Man wird im Gegenteil davon ausgehen müssen, daß eine Intensivierung der prophylaktischen Anstrengungen und die ausnahmslose Geltendmachung von Schadensersatzansprüchen die Bekämpfungsbilanz erheblich verbessern kann.

4. Zur rechtlichen Beurteilung wirtschaftlicher Ladendiebstahlsbekämpfung

a) Die Praxis des Einzelhandels, von den Tätern einen Teil der zur wirtschaftlichen Bekämpfung des Ladendiebstahls aufgewandten Beträge als Schadensersatz zu fordern, hat in der Rechtsprechung und im juristischen Schrifttum eine Fülle gegensätzlicher Entscheidungen (Überblick sub 9) und Stellungnahmen (z. B. 1.3. a) hervorgerufen. Erörtert werden nicht nur dogmatisch-systematische Streitfragen; die Diskussion betrifft vielmehr zunehmend wirtschaftliche Aspekte (Notwendigkeit oder Entbehrlichkeit des Selbstbedienungssystems; Fangen von Dieben als „Geschäftsmethode" ... *Schoreit* 1976 a), sozialpsychologische Gesichtspunkte: Schadensersatzforderung als „Wildwuchs von Denuntiantentum und Kopfjägerei" (*Wälde* 1972, 2295), moralisch-ethische Wertungen, die bereits in der Terminologie Eingang gefunden haben (z. B. „Kopfgeld, Fangprämie") und nicht zuletzt kriminalpolitische Probleme: Es geht um die Bewertungsfrage, ob die Bekämpfungsmaßnahmen des Einzelhandels als „Warenhausjustiz" (z. B. *Kramer* 1974; 1975), „Selbstjustiz" (z. B. *Schoreit* 1976 a u. b; *Wollschläger* 1976) und „Privatjustiz" (z. B. *Droste* 1972) oder als rechtlich erwünschte oder zumindest rechtlich indifferente, ökonomisch gebotene Selbsthilfeaktionen (z. B. AE – GLD 1974; Arzt 1974; 1976; *Lange* 1976) einzuschätzen sind.

b) Die Teilfrage nach der Notwendigkeit wirtschaftlicher Diebstahlsbekämpfung wurde bereits bejaht (3.1); die kriminalpolitisch-rechtliche Bewertung steht noch aus. Im folgenden ist deshalb zu überprüfen, ob ein Zielkonflikt zwischen ökonomischer Notwendigkeit und staatlicher Eingriffshoheit besteht. Da Maßnahmen der Diebesgutssicherung (§ 859 BGB), der vorläufigen Festnahme zur Feststellung der Personalien (§ 127 Abs. 1 StPO) und der Auslobung von Ergreifungsprämien (§ 657 BGB) gesetzlich vorgesehen und deshalb keinesfalls als Privatjustiz bewertet werden können, sind die weiteren Erörterungen auf die Kernfrage zu beschränken: Liegt in der Geltendmachung von Schadensersatzansprüchen aus Diebstahlsbekämpfungsmaßnahmen die unberechtigte Anmaßung staatlicher Gewaltmittel zur Durchsetzung offensichtlich nicht bestehender zivilrechtlicher Forderungen?

4.1 Zivilrechtliche Aspekte

a) „Eine Überprüfung der gegenwärtigen Rechtslage ergibt, daß der Ladendieb für die Kosten der Diebstahlsbekämpfung nicht einzustehen hat. Die derzeitige Praxis des Einzelhandels ist also Privatjustiz, nämlich die Verhängung einer Sanktion für normwidriges Verhalten ohne Rechtsgrundlage (*Wollschläger* 1976, 12)". Diese nicht nur von *Wollschläger* geteilte Begründung zivilrechtlicher „Selbstjustiz" der Vertriebswirtschaft ist bereits im Ansatz unrichtig: Die unberechtigte Einforderung von Schadensersatz ist ebensowenig Sanktionsverhängung wie die Berufung auf andere offensichtlich unbegründete Ansprüche. Nicht die *Geltendmachung* angeblicher Rechte, sondern deren wissentlich widerrechtliche und außergerichtliche *Durchsetzung* im Wege von Drohung, Zwang oder Täuschung ist rechtlich zu beanstanden. Hinzu kommt, daß jedenfalls derzeit keine Rede davon sein kann, es handele sich bei der „Praxis des Einzelhandels" um die Geltendmachung *offensichtlich* unbegründeter Schadensersatzforderungen „für normwidriges Verhalten ohne Rechtsgrundlage". Die hier zu beurteilenden zivilrechtlichen Probleme sind vielmehr weitgehend ungeklärt. Ihre Lösung ist außerordentlich umstritten. Weder in der Rechtsprechung noch im Schrifttum ist eine einheitliche, geschweige denn eine „herrschende" Meinung festzustellen. Dementsprechend ist die Rechtsunsicherheit auf Grund widersprüchlicher Judikatur unver-

4.1 Zivilrechtliche Aspekte

kennbar: Nach der im Anhang 9. abgedruckten Zusammenstellung haben 46 Gerichte eine Schadensersatzklage abgewiesen (veröffentlichte Urteile: AGe München NJW 1972, 2038; Essen NJW 1976, 55; Mettmann NJW 1976, 56); in 41 zivilgerichtlichen Urteilen wurde die Haftung des Ladendiebs bejaht (veröffentlicht: AGe München NJW 1973, 1044; Stuttgart BB 1973, 1414; Schöneberg NJW 1974, 1823; Bielefeld NJW 1976, 57), in drei strafrechtlichen Entscheidungen wiederum verneint (OLGe Koblenz NJW 1976, 63; JR 1976, 69; Braunschweig NJW 1976, 60). Das Amtsgericht München erläßt einander widersprechende Urteile; Amts- und Landgericht Braunschweig sehen sich außerstande, der zivilrechtlichen Begründung des übergeordneten Oberlandesgerichts zu folgen (sub 9.), und die Bundesregierung hat bereits zweimal Veranlassung gesehen, zu dem Streitstand Stellung zu nehmen (*Bayerl* 1974; *De With* 1976).

b) Demgegenüber zeichnet sich in der Literatur jedenfalls hinsichtlich der Ergreifungsprämien eine überwiegende Meinung ab. Gegen *Droste* (1972, 59), *Wälde* (1972, 2294) und *Wollschläger* (1976, 12) halten *Creutzig* (1971, 1307; 1973, 1593), *Klimke* (1974, 81), *Canaris* (1974, 521), *Schmidt* (1974, 82), *Meier* (1976, 584), *Will* (1976, 6), *Staudinger/Schäfer* (1976), *Deutsch* (1976 a u. b), *Medicus* (1976) und *Palandt/Heinrichs* (1976) ausgelobte Prämien für erstattungsfähig. Diese Ansicht ist auch in den Stellungnahmen zu der oberlandesgerichtlichen Judikatur (*Lange* 1976, 177; *Meurer* 1976, 300; *Roxin* 1976, 70) vertreten worden. Allgemein gilt, daß Aufwendungen des Betroffenen, die nach dem Diebstahl zur Rückgewinnung der gestohlenen Sache erbracht werden, als Folgeschäden der Eigentumsverletzung i. S. d. § 823 Abs. 1 BGB anzusehen sind (BGH VersR 1965, 388). Eine Ersatzpflicht ergibt sich darüber hinaus aus §§ 823 Abs. 2, 249 BGB i. V. m. § 242 StGB: Verspricht ein Geschäftsinhaber bereits vor dem – nach begründeter Erfahrung zu befürchtenden – Diebstahl eine Belohnung für die Entdeckung, so geschieht dies, um das Diebesgut alsbald wiederzuerlangen. Ein rechtlich erheblicher Grund, zwischen den Fällen der vor oder nach der Tat zugesagten Belohnung (BGH VersR 1967, 1108; BAG NJW 1970, 775) zu differenzieren, ist nicht ersichtlich. Es kann auch begrifflich keinen Unterschied machen, daß die Bedingung für die Folgekosten – die Verpflichtung zur Zahlung der Ergreifungsprämien – vor der Tat gesetzt wurde; entscheidend ist, daß der rechtliche Grund durch die Tat selbst ausgelöst wurde. Eine unterschiedliche

Behandlung wäre „geradezu willkürlich" (*Canaris* 1974, 522). An der adäquaten Kausalität ist demnach nicht zu zweifeln. Es ist allgemein bekannt und durch empirische Untersuchungen (*Blankenburg* 1969; *Mertesdorf* 1973) bestätigt, daß Ergreifungsprämien notwendig sind, um die Aufmerksamkeit wachzuhalten. Die Prämie darf allerdings nicht unangemessen hoch sein. Das bedeutet freilich nicht, daß der jeweilige Betrag in einer bestimmten Relation zum Wert des Diebesgutes stehen muß. Ansonsten kämen bei der Entwendung geringwertiger Waren nur Pfennigbeträge in Betracht, die ihren Zweck, die Aufmerksamkeit von Personal und Kunden wachzuhalten, sowie einen Anreiz zur Entdeckung der Tat zu bieten, verfehlen müßten (*Creutzig* 1973; *Lange* 1976). Beträge in Höhe von DM 50,– sind dementsprechend von Rechtsprechung (vgl. sub 9.) und Schrifttum zutreffend für angemessen erachtet worden.

Die von der Mindermeinung (z. B. *Wälde* 1972; *Wollschläger* 1976) gegen diese Betrachtungsweise erhobenen Einwendungen sind unbegründet. Nach dieser Auffassung soll die im voraus zugesagte Belohnung für die Entdeckung der Tat nicht Gegenstand eines Schadensersatzanspruches sein, weil sie einen untrennbaren Bestandteil der gesamten Vorsorge- und Kontrollmaßnahmen bilde, die im Hinblick auf typische, voraussehbare Schädigungen erfolgten. Es handele sich also um Vorsorgekosten; nicht um eine zu ersetzende Beeinträchtigung des Eigentums, sondern um einen Vermögensschaden, der nicht unter den Schutzbereich des § 823 BGB falle. Außerdem diene die Prämie nicht primär dem Schadensausgleich, sondern der dem Schadensersatzrecht fremden Prävention. Dazu hat das Landgericht Braunschweig unter Berücksichtigung der überwiegenden Schrifttumsmeinung in einer bislang unveröffentlichten Entscheidung vom 14. 7. 1976 (Az.: 5 0 153/76) zutreffend folgendes ausgeführt:

„In diesem Zusammenhang teilt die Kammer zunächst die Auffassung, daß Auslobungen der vorliegenden Art dem Schutz vor künftigen Rechtsverletzungen dienen und damit einen präventiven Zweck verfolgen. Denn es liegt auf der Hand, daß um derartige Prämienversprechen wissende oder mit ihnen zumindest rechnende potentielle Täter aus Furcht vor der Ergreifung durch zu erhöhter Aufmerksamkeit angeregte Verkäufer und Kunden einen Diebstahl möglicherweise von vornherein unterlassen. Mit diesem Präventionszweck ist die Funktion der Auslobung indessen entgegen einer in Schrifttum und Rechtsprechung zum Teil vertretenen Ansicht (vgl. z. B. OLG Braunschweig aaO, S. 60 ff., 61/62 m. w. N.) nach Meinung der Kammer nicht erschöpft. Vielmehr dient das Prämienversprechen auch dem vor allem bei wertvolleren Waren (etwa Elektro- oder Fo-

4.1 Zivilrechtliche Aspekte

toartikel und Textilien) berechtigten Ziel und Interesse des Warenhausunternehmens, den Ladendieb nach begangener Tat noch in seinem Zugriffsbereich zu stellen und dadurch eine möglicherweise bis zum endgültigen Verlust der Ware anhaltende Dauer der bereits abgeschlossenen Eigentumsverletzung erfolgreich zu verhindern. Im Hinblick darauf beinhaltet eine Auslobung der vorliegenden Art neben dem Element der Vorsorge gleichermaßen auch Elemente von an den Erfolg geknüpften Belohnungen, die zur Wiederbeschaffung entwendeten Eigentums ausgesetzt werden und deren Erstattungsfähigkeit von der höchstrichterlichen Rechtsprechung bereits anerkannt worden ist (vgl. hierzu: BGH in VersR 1967, 1168 f.; BAG in NJW 1970, 775). Die in Anbetracht dieser Doppelfunktion der Auslobung zu stellende Wertungsfrage, ob der mit der Prämienzahlung verbundene Schaden *trotz* des Vorsorgeelements der Auslobung noch eine Folge ist, die in den Bereich der Gefahren fällt, um deretwillen die Rechtsnorm des § 823 BGB erlassen worden ist, bejaht die Kammer im Anschluß an die entsprechenden Meinungen in Rechtsprechung und Schrifttum (vgl. jeweils m. w. N.: AG München in NJW 1973, 1044; AG Stuttgart in BB 1973, 1414; Creutzig in NJW 1973, 1593; Canaris in NJW 1974, 521; Schmidt in JZ 1974, 82; Staudinger, aaO, § 823 Rdnr. 478). Sie hat bei dieser Wertung insbesondere in Betracht gezogen, daß dem zivilrechtlichen Schadensersatzrecht neben seiner im Vordergrund stehenden Ausgleichsfunktion auch ein Präventionszweck zukommt und die Prävention durchaus ein erwünschtes Nebenprodukt der Schadensersatzpflicht sein kann (vgl. Canaris, aaO, S. 521 m. w. N. in Fußn. 2)."

Hinzuzufügen ist, daß nach dem Normzweck des § 823 Abs. 2 BGB auch das Vermögen als Schutzgut umfaßt wird. Unbestritten kommen nämlich als Schutzgesetze auch reine Vermögensdelikte wie etwa die §§ 263, 266 StGB in Betracht. Die Ersatzfähigkeit von Vorsorgekosten als Vermögensschäden ist folglich zumindest dem Grunde nach zu bejahen, wenn dem Dieb ein versuchter Betrug zur Last gelegt werden kann. Das wird immer dann zu erwägen sein, wenn der Täter durch Vorzeigen einer Ware und Verbergen des Diebesgutes beabsichtigt, an der Kasse über die Höhe der Kaufpreisforderung zu täuschen und die sonstigen Voraussetzungen der §§ 263, 22 StGB vorliegen.

c) Auch die Einforderung von Bearbeitungskosten kann nicht als Geltendmachung offensichtlich unbegründeter zivilrechtlicher Ansprüche beurteilt werden. In Judikatur (vgl. sub 9) und Schrifttum wird nicht nur vereinzelt (z. B. *Creutzig* 1971; 1973; *Klimke* 1974; *Canaris* 1974; *Lange* 1976) angenommen, zu den durch den Dieb verursachten und von ihm zu erstattenden Schäden seien neben den Unkosten für Telephongespräche, Papier etc. auch der Zeitaufwand des Geschäftsinhabers bzw. seines Personals für Tataufklärung und Einleitung der polizeilichen Ermittlungen zu rechnen. Der Zeitverlust des Geschäftsinhabers sei Eigentumsschaden (Gewinnschmälerung); die Angestelltenentlohnung werde für die auf eine Bearbeitung des Diebstahls entfallende Zeit zwecklos aufgewendet, da dem Einzelhandelsgeschäft geldwerte Dienstleistungen für betriebsfremde Zwecke entzogen würden. Dem ist zuzustimmen. Die Bearbeitungskosten sind durch die unerlaubte Handlung verursacht worden. Sie müssen – jedenfalls dem Grunde nach – als erstattungsfähige Folgeschäden des konkreten Diebstahls angesehen werden, die unter den Schutzbereich des § 823 Abs. 1 BGB fallen. Dem Einwand (*Wollschläger* 1976 m. Nachw.), die Verkehrsanschauung rechne die Mühewaltung bei der Feststellung der Ursachen und bei der Abwicklung eines Schadensfalles zum Pflichtenkreis des Geschädigten, kann kein höherer Richtigkeitsgehalt zugemessen werden als der Auffassung, die unter Hinweis auf das verbreitete Wort „Zeit ist Geld" zum gegenteiligen Ergebnis gelangt (z. B. LG Braunschweig 1976; *Canaris* 1974, 523). Für diese spricht die soziale Entwicklung, die Grenzen des Lebensrisikos immer enger zu ziehen. Das ergibt sich u. a. aus der zunehmenden Institutionalisierung der persönlichen Daseinsvorsorge und ist erst kürzlich wieder darin zum Ausdruck gekommen, daß Opfer von Gewalttaten in den Bereich der Sozialversicherung einbezogen worden sind, sofern der Schädiger nicht in Anspruch genommen werden kann. Daraus ist umgekehrt der Schluß zu ziehen, daß Täter für die von ihnen verursachten Folgen des Deliktes einzustehen haben, sofern sie ermittelt werden können. „Die nostalgische Idylle des Ladendiebstahls, der aus tatsächlichen, wirtschaftlichen und rechtsdogmatischen Gründen praktisch keinen Ersatz nach sich zog, läßt sich angesichts der Selbstbedienungsform, der Kostenaufschlüsselung nach Tätigkeitsbereichen und des normativ-funktionalisierten Schadensbegriffs nicht mehr aufrechterhalten" (*Deutsch* 1976 b, 74). Über die Höhe des Schadens (Pauschale) und die Frage der Haftungsbegrenzung ist nach allgemeinen Grundsätzen (§§ 254 BGB; 287 ZPO) zu entscheiden.

Dem steht auch die Rechtsprechung des Bundesgerichtshofs nicht entgegen: Bereits 1961 hat der 4. Senat (BGH NJW 1961, 729) die Ersatzfähigkeit eines allgemeinen Verwaltungskostenzuschlags – wenn auch unter besonderen Voraussetzungen – anerkannt. Diese Auffassung ist entgegen BGH NJW 1969, 1109 im Jahr 1975 (BGH NJW 1976, 286) bestätigt, der Kreis der ersatzpflichtigen Schäden erweitert worden. In einem bislang unveröffentlichten Urteil aus dem Jahre 1976 (9.3.1976/Az.: IV 98/75) heißt es:

4.1 Zivilrechtliche Aspekte 29

„Der Senat hat allerdings in seinen früheren Entscheidungen vom 10. Mai 1960 (BGHZ 32, 280, 287) und vom 3. Februar 1961 aaO (von denen sich indessen die erstere ausschließlich, die zweite vor allem auf sog. Vorhaltekosten bezieht) zu erkennen gegeben, daß er den Nachweis bestimmter, ausschließlich auf die Abwehr fremdverschuldeter Schäden bezogener Aufwendungen als Voraussetzung dafür betrachte, daß ein nicht unbedingt auf den *einzelnen* Schadensfall bezogener, insgesamt vorsorglicher Aufwand ersatzfähig ist. In einer jüngeren Entscheidung hat er indessen (Senatsurteil vom 14. Oktober 1975 – VI ZR 255/74 – VersR 1976, 170, 171, ebenfalls Vorhaltekosten betreffend), wenn auch außerhalb der tragenden Gründe Zweifel daran geäußert, ob gerade diesem Umstand entscheidende Bedeutung zukommen sollte. Denn die Befriedigung eines sachlich berechtigten Anspruchs sollte insoweit, als im Wege der richterlichen Schätzung (§ 287 ZPO) eine pauschale Aufteilung gemischt motivierter Aufwendungen möglich erscheint, nicht an formalen Gesichtspunkten scheitern. Deshalb mag bei rechtlich zutreffender Betrachtungsweise der Hinweis der Revision darauf, daß hier ein abgrenzbarer Aufwand ausschließlich zur Abwehr fremdverantworteter Schäden feststehe und nur anteilmäßig auf die einzelnen Schadensfälle verteilt werden müsse, allenfalls entbehrlich sein, weil diese in der früheren Rechtsprechung des Senats in den Vordergrund gerückten Anforderungen ohnehin zu streng gewesen sein dürften."

Die Erstattung der Schadensbearbeitungskosten hielt das Gericht u. a. deshalb für unbegründet, weil sich aus der besonderen zentralen Organisation der Klägerin (Bundesautobahnamt) zur Schadensabwicklung keine Begünstigung gegenüber den im Einzelfall Geschädigten ergeben dürfe. Bearbeitungskosten des Ladendiebstahls entstehen jedoch in der Regel nicht auf Grund einer zentralen Schadensabwicklungsorganisation, sondern anläßlich der jeweiligen Verlagerung von Personalkapazitäten.

d) Letztlich handelt es sich auch bei den reinen Vorsorgekosten (Aufwendungen für technische Überwachungsanlagen, Hausdetektive etc.) nicht um offensichtlich unbegründete Ansprüche. Gegen *Wälde* (1972), *Müller* (1973), *Klimke* (1974) und *Wollschläger* (1976) halten u. a. *Creutzig* (1971; 1973), *Canaris* (1974), *Schmidt* (1974) und *Lange* (1976) auch Vorhaltekosten in gewissem, der Höhe nach streitigem Umfang für erstattungsfähig. Zur Begründung wird auf die Rechtsprechung des Bundesgerichtshofs zu den GEMA-Fällen, den Reservewagenhaltungskosten etc. verwiesen. Bei dieser Betrachtungsweise ist zunächst die Frage zu beantworten, ob bei den Vorsorgekosten für Ladendiebstähle die tatsächlichen Verhältnisse so liegen, daß sie mit den Fällen der Reservewagenhaltung und der GEMA-Überwachung vergleichbar sind: ob also auch hier vergleichbare besondere Umstände vorliegen, die eine Beteiligung des Ladendiebes an den Selbstschutzmaßnahmen unter dem Gesichtspunkt des Schadensersatzes verlangen. Dies bejahen *Creutzig, Canaris* und *Lange* mit folgender Begründung: Einmal seien Ladendiebstähle als typische Massenerscheinungen mit Sicherheit zu erwarten. Ferner habe – als Parallele zu den Urheberrechtsverletzungen – die Anzahl der Ladendiebstähle in einem Maße zugenommen, daß ihre Bekämpfung ohne besondere Überwachungsorganisationen des Einzelhandels nicht mehr möglich sei: die strafrechtlichen Sanktionen bieten zur Zeit keinen ausreichenden Schutz; auch hier gilt, daß nur durch die zwangsläufige private Vorsorge verhindert werden kann, daß der Eigentumsschutz in diesem Bereich ,,nicht weitgehend leerläuft" (BGHZ 59, 288). Und ebenso trifft es zu, daß es unbillig wäre, den ertappten Dieb nicht anteilig an den Überwachungskosten zu beteiligen; die Folge wäre, daß der geschädigte Ladeninhaber die Vorsorgekosten selbst zu tragen hätte oder – sehr viel wahrscheinlicher – sie in Form der Erhöhung der Verkaufspreise an die gesetzestreuen Kunden ,,weitergäbe" (BGHZ 59, 292), ,,wobei eine solche Erhöhung der Preise sich überdies in vermehrten Ladendiebstählen auswirken müßte" (*Staudinger/Schäfer* 1976, Rdn. 497).

e) Die komplexen Probleme sind hier nicht auszudiskutieren. Die bisherigen Erörterungen haben deutlich gemacht, daß von *offensichtlich* unbegründeten Ansprüchen keine Rede sein kann. Das gilt nicht nur für den Bereich der deliktischen Haftung, sondern auch für Forderungen aus Vertrag. Als Anspruchsgrundlagen werden insoweit positive Vertragsverletzung, culpa in contrahendo, faktischer Vertrag und Sondervereinbarung über Vertragsstrafen kontrovers erörtert (Überblick bei *Deutsch* 1976 b, 31). Auch insoweit spricht vieles dafür, zumindest den Ersatz von Ergreifungsprämien und Bearbeitungskosten in den Kreis der ersatzpflichtigen Schäden einzubeziehen. Jedenfalls kann die Praxis des Einzelhandels, Schadensersatz der Diebstahlsbekämpfungskosten geltend zu machen, unter keinem Aspekt als zivilrechtliche Privatjustiz gewertet werden. Es handelt sich um nichts anderes, als um die – jedermann zustehende – Einforderung rechtlich umstrittener Ansprüche.

4.2 Strafrechtliche Beurteilung

a) Die Geltendmachung umstrittener Schadensersatzansprüche ist

4.2 Strafrechtliche Beurteilung

weder Privatjustiz noch eine strafbare Handlung. Erst wenn der Versuch gemacht wird, solche Forderungen mit Gewalt, Zwang, Drohung oder Täuschung *durchzusetzen*, ist zu überprüfen, ob §§ 240 (Nötigung), 253 (Erpressung), 263 (Betrug) StGB anwendbar sind. Dies wird insbesondere dann zu erwägen sein, wenn Ladeninhaber oder Angestellte Strafanzeigen von der Begleichung rechtlich unbegründeter Schadensersatzbeträge abhängig machen. Die Unsicherheit in der Zivilrechtspraxis wirkt sich strafprozessual jedoch dahingehend aus, daß dem Täter – von extremen Einzelfällen abgesehen (*Meurer* 1976, 302) – nicht zu widerlegen sein wird, daß er von dem Bestehen des Anspruchs ausgegangen ist. Nach dem Grundsatz in dubio pro reo kann deshalb nicht unterstellt werden, daß Angeklagte positives Wissen hinsichtlich der Unbegründetheit von Schadensersatzforderungen haben. Ihnen würde damit eine exakte Kenntnis unterstellt, als jeder informierte Jurist heute haben kann: Wissen kann man nur, daß ein Anspruch auf Ersatz der Diebstahlsbekämpfungskosten äußerst umstritten ist. Auf Grund dieser Schwierigkeiten der Tatsachenfeststellung hat das OLG Braunschweig (NJW 1976, 60) in einer Strafsache wegen Nötigung zutreffend das Verfahren zur weiteren Tataufklärung an das Landgericht zurückverwiesen. Hingegen hat das OLG Koblenz eine Ladeninhaberin wegen Nötigung (JR 1976, 69) und einen Abteilungsleiter wegen Betruges (NJW 1976, 63) zu Geldstrafen verurteilt. Obwohl in beiden Fällen extreme Sachverhalte zur Beurteilung anstanden, sind die Urteile im Schrifttum auf einhellige Ablehnung (JA StR 1976, 39; 99; *Lange* 1976; *Maier* 1976; *Meurer* 1976; *Roxin* 1976) gestoßen:
b) Im Falle der Nötigung (OLG Koblenz JR 1976, 69) hatte die Geschäftsinhaberin in übler Weise zur Durchsetzung des Anspruchs mit Strafanzeige gedroht. Die Urteilsgründe enthalten jedoch keinerlei Anhaltspunkte, daß die Täterin auch nur Zweifel an der Begründetheit eines Anspruchs auf Erstattung eines Schadens in Höhe von 50,– DM gehabt hätte. Vielmehr wird ausdrücklich angeführt, die Angeklagte habe zuvor in Fachzeitschriften der Lebensmittelbranche gelesen, dem bestohlenen Lebensmittelhändler seien die Unkosten vom Dieb zu erstatten. Nach *Roxin* (1976) schließen bereits diese tatsächlichen Feststellungen die Bejahung einer Nötigung aus. Entweder bestand der Anspruch, wie es der wohl überwiegenden Meinung (4.1 a) entspricht, tatsächlich, dann liegt der nach BGHSt 5, 254 unstreitig straflose Fall vor, daß die Drohung mit einer Diebstahlsanzeige der Durchsetzung

der aus dem Diebstahl erwachsenen Schadensersatzansprüche dient. Oder der Anspruch ist nach objektiven Maßstäben ganz oder teilweise unbegründet, dann hat die Angeklagte mindestens in irriger Weise an das Bestehen eines solchen Anspruchs geglaubt und damit Umstände angenommen, die, wenn sie vorlägen, die Nötigung als nicht verwerflich erscheinen lassen würde. Ein solcher Irrtum schließt nach *Roxin* unabhängig von den wissenschaftlichen Meinungsverschiedenheiten über die Struktur des Nötigungstatbestandes eine Bestrafung gemäß § 240 StGB unter allen Umständen aus.

c) Der gleiche Senat des Oberlandesgerichts Koblenz verurteilte den Abteilungsleiter eines Warenhauses wegen Betruges (NJW 1976, 63). Der Angeklagte hatte der jugendlichen Diebin erklärt, durch Bezahlung der Ergreifungsprämie sei die Angelegenheit erledigt, es werde nicht zur Strafverfolgung kommen. Die Anzeige werde in jedem Fall an die Polizei weitergeleitet, die die Sache alsdann nur noch in den Akten vermerken werde. Auch insoweit ist die Annahme einer strafbaren Handlung zweifelhaft (*Meurer* 1976, 300): Besteht der Anspruch auf die Ergreifungsprämie zu Recht, dann scheitert die Anwendbarkeit des § 263 StGB an der Rechtmäßigkeit des erstrebten Vermögensvorteils. Ist die Forderung hingegen teilweise oder überhaupt nicht begründet, so kann § 263 StGB allenfalls dann in Erwägung gezogen werden, wenn dem Täter positives Wissen darüber zu unterstellen ist, daß die Einforderung einer Ergreifungsprämie nach geltendem Schadensersatz- oder Vertragsrecht offensichtlich zu verneinen ist. Selbst in diesem – hier nicht zu unterstellenden Fall – ist die bloße Geltendmachung der Forderung keine strafrechtlich relevante Handlung. Dem Täter müssen darüber hinaus die sonstigen Voraussetzungen des § 263 StGB nachgewiesen werden.

d) *Deutsch* (1976 b, 75) hat zutreffend ausgeführt, die bisher ergangenen Strafurteile der Oberlandesgerichte ließen wenig Einfühlungsvermögen in die zu beurteilende Problematik erkennen. *Arzt* (1975, 86) meint: „Es grenzt an Heuchelei, wenn der Staat nicht weiß, ob und wie er z. B. auf Diebstähle in Warenhäusern reagieren soll und er zugleich . . . die Forderung einer Fangprämie als (versuchte) Erpressung bestraft." Dem ist zuzustimmen: Wie diese Judikatur unter strafrechtsdogmatischen Gesichtspunkten im einzelnen zu beurteilen ist (dazu z. B. *Meurer* 1976, 300; *Roxin* 1976, 72), mag hier dahinstehen. Jedenfalls ist unverkennbar, daß sie den durch das EGStG eingeleiteten

Rückzug des Strafrechts aus dem Bereich der Bagatelldelinquenz unter umgekehrten Vorzeichen rückgängig macht und in ihr Gegenteil verkehrt. Nicht der Dieb, sondern der Bestohlene, nicht der Täter, sondern sein Opfer werden damit zum Gegenstand strafrechtlichen Sanktionierungszwanges. Daß dies kriminalpolitisch unerwünscht ist, bedarf keiner Begründung.

4.3 Konsequenzen

a) Die bisherigen Erörterungen haben ergeben, daß wirtschaftliche Bekämpfungsmaßnahmen gegen den Ladendiebstahl weder zivilrechtlich noch strafrechtlich als Privatjustiz bezeichnet werden können. Selbst wenn man nach allem immer noch der Auffassung ist, es handele sich um die Geltendmachung *offensichtlich* unbegründeter Forderungen, ist diese Beurteilung als „Selbstjustiz" unzutreffend: Allgemeine Bedenken gegen die Rechtsstaatlichkeit der Einzelhandelspraxis sind nicht geeignet, eine solche Bewertung zu begründen. *Droste* (1972, 36), der die Ersatzfähigkeit von Diebstahlsbekämpfungskosten generell verneint, kommt nach sorgfältiger Überprüfung der Art. 3, 92, 101 Abs. 1, 103 Abs. 3 GG zu dem zutreffenden Ergebnis, der allgemeine Rechtsstaatsgedanke werde „überstrapaziert, wenn man aus ihm die Verfassungswidrigkeit von Maßnahmen der Warenhausjustiz ableiten will."

b) Die Praxis des Einzelhandels, Schadensersatz zu fordern, ist nach allem rechtlich zulässig, betriebswirtschaftlich notwendig und volkswirtschaftlich nützlich. Die wünschenswerte Effektivität wird jedoch durch die Rechtsunsicherheit im Bürgerlichen Recht, deren Auswirkungen auch das Strafrecht berühren, nicht unerheblich beeinträchtigt. Daraus folgt, daß jedenfalls die Grundannahme des AE-GLD 1974, der Selbstschutz der Geschädigten müsse durch gesetzliche Maßnahmen gestärkt werden, richtig ist. Die Beantwortung der Frage, ob zugleich das Strafrecht aus dem Bereich der Ladendiebstahlsdelinquenz zurückgenommen werden muß, ist allerdings noch offen. Unter wirtschaftlich-rechtlichen Gesichtspunkten der Bekämpfungseffizienz (2.4) ist sie zu verneinen. Danach erscheint es vielmehr notwendig, eine gesetzliche Regelung im Bürgerlichen Gesetzbuch anzustreben, die generell, also nicht nur im Blick auf den Ladendiebstahl, Probleme des pauschalierten Schadensersatzes klärt.

c) Dem kann nicht entgegengehalten werden, es müsse zunächst der höchstrichterlichen Rechtsprechung Gelegenheit gegeben werden, Fragen der Ersatzfähigkeit von Diebstahlsbekämpfungskosten zu entscheiden (*Lange* 1976). In Zivilsachen ist wegen der geringen Streitwerte ein Urteil des Bundesgerichtshofs nicht zu erwarten. So handelt es sich bei der Entscheidung des LG Braunschweig (1976) um das erste Urteil in Zivilsachen, das nicht von einem Amtsgericht erlassen worden ist. Die Zuständigkeit eines Strafsenats könnte allenfalls im Wege des Vorlagebeschlusses (§ 121 GVG) herbeigeführt werden. Damit ist jedoch in absehbarer Zeit schon deshalb nicht zu rechnen, weil das OLG Koblenz (NJW 1976, 63) die Notwendigkeit einer Vorlage mit der Begründung abgelehnt hat, seine rechtliche Bewertung decke sich mit derjenigen des OLG Braunschweig (NJW 1976, 60), obwohl dieses Gericht zutreffend die Annahme eines Betruges verneint hatte. Von der Notwendigkeit und Dringlichkeit einer gesetzlichen Regelung geht auch *Deutsch* (1976 b, 74 ff.) aus, der allerdings eine sektorale, nur den Ladendiebstahl betreffende Lösung befürwortet.

5. Die „wirtschaftsverwaltungsstrafrechtliche" Bekämpfung des Ladendiebstahls

Die bisherigen Erörterungen haben ergeben, daß das Strafrecht ein relativ wirksames Mittel zur Bekämpfung der Ladendiebstahlskriminalität darstellt. Ferner wurde festgestellt, daß wirtschaftliche Bekämpfungsmaßnahmen des Einzelhandels zur Schadensminderung beitragen und grundsätzlich geeignet sind, eine präventive Wirkung zu entfalten. Nach richtiger Auffassung verstößt jedenfalls die Praxis der Vertriebswirtschaft, Ersatz der Ergreifungsprämien zu verlangen, nicht gegen das geltende Zivilrecht. Auch ist die weitgehend ungeklärte Einforderung von Bearbeitungskosten und Vorsorgekosten keine Privatjustiz, sondern es handelt sich um die Geltendmachung rechtlich umstrittener Schadensersatzansprüche. Zu untersuchen bleibt, ob weitere Möglichkeiten der präventiven Bekämpfung des Ladendiebstahls in Betracht zu ziehen sind. Hier bieten sich – wie immer – die Alternativen Spezialprävention und Generalprävention an. Spezialprävention scheitert bereits daran, daß sie wirksam nur im Strafvollzug eingesetzt werden kann: Die Verhängung von Freiheitsstrafe wegen Ladendiebstahls kommt nicht in Betracht; die Einweisung in eine sozialtherapeutische Anstalt scheidet von vornherein aus. Damit bleibt nur noch die weitere Generalprävention, die bereits in den Bereich der Kriminalitätsprophylaxe hineinreicht. Es ist in Erwägung zu ziehen, durch öffentlichrechtliche ,,wirtschaftsverwaltungsstrafrechtliche" Einwirkung die ,,Kriminalitätsursache Warenhaus" direkt zu bekämpfen. Ein solches Vorgehen betrifft allerdings nicht nur die großen Selbstbedienungsläden und Warenhauskonzerne, sondern in etwa gleichem Maße auch die kleinen Einzelhandelsgeschäfte, die heute überwiegend mit einem großen Selbstbedienungsanteil arbeiten.

5.1 ,,Kriminalitätsursache Warenhaus" und staatliche Lenkungsmaßnahmen

Solche Überlegungen liegen einem Vorschlag von *Schoreit* (1976 a u. b) zugrunde: Er geht von der Ursächlichkeit des Selbstbedienungssystems und der modernen Warenpräsentation für die Steigerung der Ladendiebstahlsraten aus. Da das Strafrecht versage und eine zivilrechtliche Einwirkung abzulehnen sei, müsse auf öffentlichrechtliche Mittel zurückgegriffen werden. Die Kriminalitätsprophylaxe habe präventiv auf die eigentliche Kriminalitätsursache zu zielen. Diese liege in der ,,schuldhaften" Ausgestaltung des Vertriebssystems Selbstbedienung, das auf ,,kurzsichtige Geschäftemacherei" hinauslaufe, und in dem Waren einem anfälligen und undisziplinierten Publikum freigegeben würden. Seine mit modernen viktimologischen Erkenntnissen begründeten Forderungen lauten:
a) Durch Forschungsgruppen seien die Möglichkeiten, Ladendiebstähle zu verhindern und zu bekämpfen, zu untersuchen. Vordringlich seien Aufklärungsprogramme für die in Betracht kommenden Geschäftsleute, um sie in den Stand zu versetzen, das Warenangebot in möglichst wenig diebstahlsstimulierender Weise darzubieten.
b) Mindestanforderungen für die Ausgestaltung der Geschäftsbetriebe von Kaufhäusern und Selbstbedienungsläden seien in rechtlich ver-

bindlicher Form (Gesetz oder Verordnung) festzulegen. Artikel, die wegen ihres besonders hohen Wertes häufig gestohlen werden, seien vom Selbstbedienungsverkauf auszunehmen. Die Mindeststärke des Verkaufs- und Aufsichtspersonals sei festzulegen, Ausbildungsvoraussetzungen und Sicherheitserfordernisse für Angestellte in Überwachungsfunktionen bedürften einheitlicher Regelung.

c) Durch Prävention seien gewisse anfällige Käuferkreise vom Selbstbedienungsgeschäft fernzuhalten und bei übermäßiger Belastung der Behörden durch die Verkaufsmethoden einzelner Unternehmer, deren gebührenmäßige Heranziehung ins Auge zu fassen.

d) Eingriffs- und Regelungsbefugnisse von Behörden, insbesondere von Ordnungsämtern, Jugendämtern, Gewerbeaufsichtsämtern und Finanzämtern seien vorzusehen. Auflagen und Verbote durch Verwaltungsbehörden seien nötig. Gegen besonders grobe Pflichtverletzungen seien verwaltungsrechtliche Zwangsmittel, Ordnungswidrigkeiten – oder Straftatbestände zu normieren.

5.2 Rechtlich-kriminologische Einordnung

a) *Naucke* (1976, 107) hat diese Vorschläge als „in faszinierender Weise modern" bezeichnet. „Sie müssen, und sei es polemisch, ernst genommen werden." Er hat *Schoreits* Modell mit der rechtlichen Überwachung der Prostitution, des Handels mit Drogen und Waffen verglichen. Die staatlichen Strafverfolgungsinstanzen würden als Dienstleistungsunternehmen aufgefaßt, bei deren Inanspruchnahme die Opfer ggf. Gebühren zu entrichten hätten. *Arzt* (1976) hat in einer Stellungnahme zutreffend darauf hingewiesen, daß die Durchführung dieser Vorschläge das Ende der Selbstbedienung bedeuteten. Vorwürfe seien nicht an die Adresse der Geschädigten, sondern an die Adresse des Staates zu richten. Angesichts der unklaren zivilrechtlichen Rechtslage sei die Stärkung des Selbstschutzes der Betroffenen durch Aktivierung des Zivilrechts unumgänglich.

b) Zu der Grundannahme *Schoreits,* das Selbstbedienungssystem fördere die Ladendiebstahlsdelinquenz, ist aus wirtschaftlich-kriminologischer Sicht bereits Stellung genommen worden (sub 3.2). Auch die Folgerungen aus dem Dunkelfeld bedürfen keiner weiteren Erörterung (sub 2.2 c; 2.4 b). Nachzutragen bleiben die entscheidenden kriminalpolitischen Zusammenhänge: *Schoreits* Modell entspricht den Vorstellungen einer extremen défense sociale, was besonders deutlich wird, wenn man deren praktische Forderungen zum Vergleich heranzieht. Nach *Rebhan* (1963, 74) wurde angeregt,

– von *Falkonetti* u. a.: das grundsätzliche Verbot von Literatur und Filmen, die Gewalttätigkeiten schildern; auch die Wiedergabe krimineller Handlungen durch die Presse solle unzulässig sein;

– von *Larguier, Potier* u. a.: die Drosselung oder völlige Untersagung der Alkoholproduktion;

– von *Levasseur:* die Entfernung aller gefährlichen Deliktsmittel aus dem Verkehr.

c) Die strafrechtlich-kriminologischen Einwände gegen solche Modelle sind bekannt (*Rebhan* 1963). Sie sind durch wirtschaftsverfassungsrechtliche Bedenken abzurunden: ,,Das Rezept, mit Hilfe behördlicher Macht gesellschaftliche Macht zu bändigen, führt häufig vom Regen in die Traufe und hat mit Freiheitssicherung kaum etwas zu tun'' (*Rupp* 1975, 793). *Stern* (1976) hat darauf hingewiesen, daß das System der Markt- und Wettbewerbswirtschaft, der individuellen Leistung und Entscheidung nicht nur ein System der Güterproduktion und Bedarfsdeckung oder der ökonomisch eingerichteten Kalkulation ist, sondern auch eine Rechtfertigung der Vorrangstellung des einzelnen und seiner autonomen Entscheidungsfreiheit bildet. Mit den Mitteln des Intervenierens und Dirigierens, des bürokratischen Zuteilens oder gar zunehmender Übernahme in die öffentliche Hand ist eine gesamtwirtschaftlich richtigere Ordnung nicht zu erreichen. ,,Soziale Korrektur ist unvermeidlich, aber sie muß korrektiv bleiben, darf nicht das Prinzip verändern'' (*Stern* 1976, 15). Dies muß ohne Abstrich auch für die Kriminalitätsprophylaxe gelten.

5.3 *Marktwirtschaft und Planwirtschaft*

a) Aus wirtschaftlicher Sicht sind *Schoreits* Vorschläge offensichtlich Modellen zentraler Planwirtschaft nachgebildet: Zum Zwecke der Verbrechensbekämpfung werden staatliche Eingriffe in marktwirtschaftliche Grundfreiheiten für unabdingbar gehalten. Werbung und Warenpräsentation, Ausbildung und innerbetriebliche Organisation dienen Zwecken der Kriminalitätsprophylaxe; Umsatz und Gewinn sind daran zu messen. Nicht der Staat hat der Wirtschaft, die Wirtschaft hat dem Staat zu dienen. Die Merkmale zentraler Planwirtschaft liegen auf der Hand: Das Modell ist bürokratisch, zentralistisch, wenig flexibel, entfernt von Daten und von experimentellen Situationen.

b) Jenseits zentraler Lenkungsmaßnahmen und staatlicher Planung hat der Einzelhandel aus betriebswirtschaftlichen Erwägungen einen Großteil der prophylaktischen Vorschläge *Schoreits* vorweggenommen (sub 3.3):

aa) Im Auftrag der Bundesarbeitsgemeinschaft der Mittel- und Großbetriebe des Einzelhandels haben Forschungsgruppen des Kölner Instituts für Handelsforschung die Möglichkeiten, Ladendiebstähle zu verhindern und zu bekämpfen, untersucht. Ausgewertet wurden 104 765 Diebstahlsprotokolle (1973/74) und eine Statistik erarbeitet, die ein wesentlich exakteres Bild als die polizeiliche Kriminalstatistik vermittelt (sub 8.3). Erfaßt wurde nicht nur die soziale Struktur der Täter, die Diebstahlshäufigkeit bei etwa 70 Warengruppen, Uhrzeiten und Wochentage, sondern auch das Verhalten der Diebe bei der Aufnahme des Diebstahlsprotokolls usw.

bb) Bereits zuvor haben die Berufsorganisationen des Einzelhandels immer wieder in Merkblättern zur Bekämpfung des Ladendiebstahls Hinweise zur diebstahlsverhindernden Warenpräsentation und zur baulichen Ausgestaltung der Geschäftsräume gegeben (sub 8.6). Die Hinweise beziehen sich nicht nur auf Warenhäuser und Selbstbedienungsläden, sondern ebenfalls auf kleine Einzelhändler, die im übrigen heute weitgehend in Vertriebsgenossenschaften zusammengeschlossen sind. Das Personal wird mit modernen Methoden (Filmen, Lernprogrammen etc.) geschult; Methoden und Praktiken, Inventurdifferenzen zu verhindern, wurden erheblich verfeinert (sub 8.7).

cc) Es wurden beträchtliche Anstrengungen unternommen, besonders diebstahlsgefährdete Waren zu sichern (z. B. Uhren, Juwelen, Taschenrechner, Kofferradios, Photogeräte etc.): Diese werden heute weitgehend in diebstahlssicheren Glasvitrinen aufbewahrt. Hochwertige Lederwaren etc. werden angekettet; zunehmend werden abgeschlossene Abteilungen eingerichtet und die Zahl der Kassen erhöht. Überwachungssysteme wurden personell und sachlich verstärkt: Den alten Selbstbedienungsladen gibt es in der ursprünglichen Form heute nicht mehr (sub 3.3).

5.3 Marktwirtschaft und Planwirtschaft

dd) Selbstverständlich können sich auch bei der wirtschaftlichen Bekämpfung Mißbräuche ergeben. Über wirtschaftliche Aspekte der Warenpräsentation und der baulichen Ausgestaltung der Verkaufsräume, über Konzentrationsbewegungen und unlautere Werbung haben nach geltendem Recht das Kartellamt, die Gewerbeaufsicht, die Lebensmittelpolizei, das Eichamt und die sonst Zuständigen zu wachen. Besonderer staatlicher Eingriffsbefugnisse im Blick auf den Ladendiebstahl bedarf es nicht.

c) Das Gegenmodell zu *Schoreits* Vorschlägen ist mithin bereits in der sozialen Marktwirtschaft entwickelt worden: Die Daten werden hierbei dezentral vor Ort gewonnen, zentral von geschultem Personal ausgewertet und unmittelbar wieder in den Informationsgang eingebracht. Die daraus entwickelten Strategien werden durch echte Experimente ausgetestet. Das Modell ist nicht statisch, sondern dynamisch und flexibel. Es dürfte wegen seiner andauernden Anpassung an wirtschaftliche und diebstahlspräventive Aspekte auch schadensmindernd einen optimalen Kompromiß darstellen.

d) Die wirtschaftliche Entscheidung zwischen beiden Modellen liegt auf der Hand: Im Prinzip ist dem effizienteren Modell der Vorrang zu geben. Es besteht aber die Möglichkeit eines Zielkonfliktes zwischen den wirtschaftlichen Interessen und den Interessen der Öffentlichkeit. Dies ergibt sich schon aus der Komponente *soziale* Marktwirtschaft, die staatliche Eingriffe in marktwirtschaftliche Selbstregulationen notwendig machen kann. Damit ist zu überprüfen, ob ein solcher Zielkonflikt besteht: Die Wirtschaft, hier die Vertriebswirtschaft, ist sowohl an einer Minderung der Frequenz der Ladendiebstähle, deren Bearbeitung mit Kosten verbunden ist und sich als lohnintensiv herausgestellt hat, als auch an einer Senkung des Gesamtschadens interessiert. Dem entspricht auf der Seite der Öffentlichkeit die Zielvorstellung, die Zahl der Ladendiebstähle möglichst zu senken und an einem reichhaltigen Warenangebot zu günstigen Preisen festzuhalten. Mögliche Argumente aus wettbewerbsrechtlichen oder kartellrechtlichen Gründen scheiden hier bereits im Ansatz aus, weil sie in diesem Zusammenhang nicht diskutierbar sind. Sie sind insofern abwegig, als auch das kleine Einzelhandelsgeschäft einen nicht unbeträchtlichen Teil des Warenangebots zur Selbstbedienung zur Verfügung stellt und überdies gerade bei den Kaufhäusern die Art des Warenangebots und des Warenverschlusses immer wieder nachkontrolliert und verändert wird. Die planwirtschaftliche Lösung mag demnach allenfalls emotive oder ideologische Bedürfnisse befriedigen, verspricht aber keinerlei Vorteil, sondern lediglich Effizienznachteile und Preissteigerungen.

6. Bekämpfung des Ladendiebstahls durch Erziehung und Aufklärung

Auch die konsequenteste Handhabung rechtlicher und wirtschaftlicher Bekämpfungsmethoden reicht allein nicht aus, um das Phänomen Ladendiebstahl zu kontrollieren: Zwar wird es einen vollständigen Schutz vor Ladendieben nicht geben; man kann jedoch den Versuch machen, durch ein möglichst breites Maßnahmebündel langfristig weitere Erfolge zu erzielen. Hierzu gehören auch Aktionen, die im Vorfeld des Ladendiebstahls prophylaktisch ansetzen und im Wege der Bewußtseinsbildung bzw. Veränderung durch Erziehung und Aufklärung auf die Sozialschädlichkeit des Ladendiebstahls hinweisen. Als Modell kann ein amerikanischer Großversuch der Stadt Philadelphia dienen. Dort wurden durch Plakat- und Anzeigeaktionen, Informationsveranstaltungen und öffentliche Diskussionen in Zusammenarbeit von Staat und Wirtschaft Aufklärungskampagnen durchgeführt. Erfahrungen mit solchen Großveranstaltungen sind auch in der Bundesrepublik Deutschland gemacht worden. 1974 wurde im Raum Bonn/Köln eine erste Aktion in Angriff genommen; 1975 ein zweiter Großversuch in Hamburg eingeleitet. Eine dritte Aktion wurde 1976 im Großraum München durchgeführt. Veranstalter war das ,,Kuratorium zur Bekämpfung der Wohlstandskriminalität", eine lose Vereinigung von Persönlichkeiten des öffentlichen Lebens und der Wirtschaft. Dieses hat in Zusammenarbeit mit den Einzelhandelsverbänden und Verbraucherorganisationen mit zuständigen staatlichen und sonstigen Stellen wie Polizei, Staatsanwaltschaft, Gerichten, Schulen, Kirchen, Medien usw. den Ladendiebstahl prophylaktisch zu bekämpfen versucht. Ein Aktions-Schwerpunkt lag in den Schulen, da Jugendliche besonders anfällig für Ladendiebstähle sind. Mit einem veränderten Verhalten aufgrund dieser Aktionen ist naturgemäß allenfalls mittelfristig zu rechnen. Für den Aktionsraum Bonn/Köln wird aber bereits jetzt ein Rückgang der Ladendiebstähle gemeldet (*Hägin* 1975, 14).

7. Zusammenfassung und Ausblick

7.1 Ergebnisse

a) Unter dem Aspekt der Bekämpfungseffizienz spricht nichts dafür, den Ladendiebstahl aus dem Kriminalstrafrecht herauszunehmen.

b) Die Bekämpfungsmaßnahmen des Einzelhandels sind unter betriebswirtschaftlichen und volkswirtschaftlichen Aspekten notwendig.

c) Das Zivilrecht ist geeignet, zu einer wirksamen Ladendiebstahlsbekämpfung beizutragen. Sollten die derzeit bestehenden Unsicherheiten durch die Rechtsprechung nicht geklärt werden können, ist eine generelle gesetzliche Regelung des pauschalierten Schadens ersatzes im Bürgerlichen Gesetzbuch anzustreben.

d) Im Blick auf die generalpräventiv-prophylaktische Einwirkung auf das Selbstbedienungssystem ist die Selbststeuerung durch den Markt optimal. Eine „wirtschaftsverwaltungsstrafrechtliche" Bekämpfung ist abzulehnen.

e) Aufklärung und Erziehung sind unscheinbare Bekämpfungsmittel; sie liegen jenseits von Zwang, sind aber notwendig.

7.2 Einige Konsequenzen für die Reformdiskussion

Die Konsequenzen für die aktuelle Reformdiskussion (1.1) sind bereits zum Teil angedeutet worden. Jede kriminalpolitische Alternative zum geltenden Recht muß zur wirtschaftlichen Gesamtschadensminderung zumindest in gleichem Umfang wie das Strafrecht beitragen und die notwendige Eigeninitiative der Betroffenen, den Ladendiebstahl zu bekämpfen, wirksam unterstützen.

a) Dem geltenden Strafrecht kommt derzeit nur eine geringe Effizienz bei der Bekämpfung des Ladendiebstahls zu. Freilich bleibt abzuwarten, wie sich die seit dem 1. 1. 1975 geltende neue Regelung auswirkt. Unbestreitbar hat die bisherige Strafrechtsreform zu einer notwendigen Teilentkriminalisierung geführt; Staatsanwaltschaften und Gerichte können unter dem Aspekt der erleichterten Einstellungsmöglichkeiten (§§ 153, 153 a StPO) durchaus als „Entkriminalisierungsinstanzen" angesehen werden. Damit werden allerdings die Einwände gegen eine „käufliche Einstellung" (z. B. *Arzt* 1976, 55) nicht ausgeräumt. Es ist sorgsam zu prüfen, ob die weiterführende Lösung von *Naucke* (1.1 b) auch insofern geeignet ist, Abhilfe zu schaffen.

b) Der Ansatzpunkt des AE – GLD 1974, auf die Förderung schadensmindernder Maßnahmen des Einzelhandels durch Stärkung der Präventivwirkung des Zivilrechts abzustellen, hat sich als notwendig und richtig erwiesen. Ob freilich damit zugleich erforderlich wird, das Strafrecht aus dem Bereich der Ladendiebstahlsdelinquenz völlig zurückzuziehen, ist zweifelhaft: Ganz abgesehen von den Einwänden, die sich daraus ergeben, daß ein Teilbereich des Diebstahls aus nicht recht einsichtigen Gründen privilegiert würde und den sonstigen Bedenken (Überblick bei *Naucke* 1976, 94) hat sich ergeben, daß wegen des hohen Anteils der Kinder-, Jugendlichen- und Heranwachsendendelinquenz ein besonderes Interesse an strafrechtlicher Prävention und jugendstrafrechtlich-erzieherischer Ahndung besteht.

c) Eine zusätzliche öffentlichrechtliche Bekämpfung des Ladendiebstahls (1.1 c) ist abzulehnen, da der wirtschaftlich-kriminalprophylaktischen Selbststeuerung durch den Markt der Vorrang zu geben ist (5.3).

d) Spezielle Bedenken gegen die Herabstufung des Ladendiebstahls zur Ordnungswidrigkeit (1.1 e) und gegen die Schaffung einer neuen materiellrechtlichen Kategorie der „Verfehlung" o. ä., zur Bekämpfung der gesamten Bagatelldelinquenz in einem besonderen Verfahren (1.1 f) haben sich aus wirtschaftlich-rechtlicher Sicht nicht ergeben.

7.3 Ausblick

Das Gesamtergebnis mag auf den ersten Blick befremdlich, dürftig und inadäquat gegenüber der Zahl der Täter und dem Gesamtschaden erscheinen. Soweit es so erlebt wird, verbirgt sich dahinter jedoch die Überschätzung der Leistungsfähigkeit kriminalpolitischer Eingriffsmöglichkeiten. Das bestätigt ein Blick in die Geschichte des Ladendiebstahls: Weder die rigorosen gesetzlichen Maßnahmen des römischen Kaisers Konstantin, der 318 p. Chr. anordnete, daß Sklaven, die beim Lebensmitteldiebstahl erwischt wurden, der Mund mit Blei aus-

7.3 Ausblick

zugießen sei, noch die Peinliche Gerichtsordnung von 1532, die die Marktdiebe gesondert erfaßte und dem ,,Vergewaltiger" gleichachtete, noch das Shop Lifting Act von 1637, aufgrund dessen zuletzt 1691 zwei Ladendiebe öffentlich hingerichtet wurden, haben die Diebstahlsdelinquenz wesentlich beeinflußt. Auch medizinische Maßnahmen, wie z. B. die psychiatrische Behandlung aufgrund der Diagnose ,,kleptomane Magazinitis" (*Dubuisson* 1902) oder die ,Erfindung' der ,,Antiladendiebstahlspille" (*De Boor* 1966), die – regelmäßig eingenommen – ,,die Aggressionsspitze" abflachen soll, hatten keine nachweisbaren Auswirkungen. Kriminalität ist historisch ein Dauerphänomen. Es divergiert lediglich hinsichtlich Art, Umfang und Ausmaß, so daß schon fast von Konjunkturzyklen die Rede sein kann. Kriminalität ist nicht beliebig eliminierbar sondern nur reduzierbar, und auch in Rechtsordnungen, in denen totalitär eingegriffen werden kann, ist eine perfekte Kontrolle der Ladendiebstahlsdelinquenz ausgeschlossen (*Carstens* 1975, 268; *Freiburg* 1975, 1083). Jede kriminalpolitische Maßnahme hat Gerechtigkeit und Zweckmäßigkeit abzuwägen; wirtschaftlich darf der zu erwartende Schaden den Gewinn nicht übersteigen.

Auch in der Diskussion über den Ladendiebstahl werden zwei gegensätzliche Grundpositionen deutlich: Freiheitlicher Individualismus im persönlichen und ökonomischen Bereich auf der einen Seite sowie wirtschaftlicher und rechtlich-gesellschaftlicher Kollektivismus auf der anderen Seite. Den erforderlichen Ausgleich anzustreben ist die wesentlichste Aufgabe rechtsstaatlicher Kriminalpolitik.

8. Dokumentation

8.1 Der Ladendiebstahl nach der Kriminalstatistik der Bundesrepublik Deutschland
(Quellen: Statistiken des Bundeskriminalamtes Wiesbaden nach *Loitz* 1975a)

Entwicklung der Gesamtkriminalität, der Ladendiebstähle[1]) und der Einzelhandelsumsätze in der Bundesrepublik:

Jahr		Gesamtkriminalität	alle Diebstähle ohne erschwerende Umstände	Ladendiebstähle		Einzelhandelsumsätze in Mrd. DM
				n	% der Gesamtkriminalität	
1963		1 678 840	675 594	43 325	2,6	112
1970		2 413 586	903 369	147 315	6,1	186
1971		2 441 413	793 323	174 583	7,2	207,9
1972		2 572 530	794 604	185 954	7,2	227,4
1973		2 559 974	778 324	185 732	7,26	244,6
1974		2 741 728	817 763	188 560	6,9	258
Zuwachs von 1963—1974	n	1 062 888	142 169	145 235	4,3	146
	%	63,3	21,0	335,2	161,7	130,4

1) Statistiken des Bundeskriminalamtes Wiesbaden.

Ladendiebstähle in den Ländern der Bundesrepublik[1]) und der prozentuale Anteil der Bevölkerung[1]) sowie SB-Läden. Stand: 1.1.1975

	1963	1970	1973	1974 Ladendiebstahl		Bevölkerung in	SB-Läden
				n	%	%	n / %
Schleswig-Holstein	1 413	5 407	9 986	8 582	4,55	4,2	
Hamburg	2 470	10 461	10 450	10 295	5,46	2,8	15,482 / 20,38
Niedersachsen	3 877	16 117	19 067	19 640	10,42	11,7	
Bremen	1 139	4 781	5 285	4 805	2,55	1,2	
Nordrhein-Westfalen	16 571	45 208	54 253	56 741	30,09	27,8	19,002 / 25,0
Saarland	512	1 537	2 829	2 668	1,42	1,8	
Hessen	3 158	14 296	16 089	16 212	8,6	9,0	14,021 / 18,45
Rheinland-Pfalz	1 309	6 497	8 248	8 803	4,67	6,0	
Baden-Württemberg	3 784	15 474	20 131	21 577	11,44	14,9	12,920 / 17,0
Bayern	6 772	17 937	25 768	26 016	13,8	17,5	13,413 / 17,05
Berlin	2 236	9 800	13 351	13 206	7,0	3,3	1,147 / 1,51
Summe: n	43 325	147 315	185 457	188 545 *)		62 040 900	75 985
Summe: %	100	100	100	100		100	100

1) Statistiken BKA
*) ohne Fälle mit unbekanntem Tatort

8.1 Kriminalstatistik der Bundesrepublik Deutschland

Ladendiebstahl nach Tatorten in Prozent[1])

Jahr	Großstadt über 100 000 Einwohner	Mittelstadt 20 000 bis 100 000 Einwohner	Kleinstadt 5 000 bis 20 000	Landgebiet bis 5 000	Alle Fälle in der Bundesrepublik
1963	71,5	20,0	5,8	2,7	43 325
1970	66,1	22,3	9,0	2,5	147 315 [2])
1971	64,6	23,5	11,3		174 583 [2])
1972	64,6	23,8	11,5		185 954 [2])
1973	63,0	25,3	11,6		185 732 [2])
1974	63,4	26,3	10,3		188 560 [2])
Differenz von 1963—1974	— 8,1	+ 6,3	+ 1,8		+ 145 235

1) Statistik des Bundeskriminalamtes Wiesbaden
2) einschließlich der Fälle mit unbekanntem Tatort.

Tatzeiten

(nach Monaten und Rangfolgen: 1 = die meisten; 2 = die wenigsten Ladendiebstähle)

A. in der Bundesrepublik   B. in Nordrhein-Westfalen

	A. Bundesrepublik				B. Nordrhein-Westfalen			Gesamt-ergebnis
Jahre	1963	1967	1970	1974	1971	1972	1973	63—74
alle Fälle	43 325	81 454	147 315	186 991	51 452	54 442	54 253	
Januar	9	11	12	3	12	11	8	119
Februar	8	12	6	4	6	5	6	82
März	2	4	3	5	1	1	3	34
April	3	9	1	11	8	8	9	73
Mai	6	8	8	9	10	3	5	87
Juni	12	6	5	12	7	2	11	100
Juli	7	7	4	7	11	12	12	98
August	9	5	10	8	9	10	10	109
September	11	10	11	10	4	9	7	106
Oktober	5	3	9	1	5	7	1	51
November	4	1	7	6	3	6	4	46
Dezember	1	2	2	2	2	4	2	21
Monats-durchschnitt	3 612	6 791	12 276	15 582	4 288	4 537	4 521	

Ladendiebstähle nach der Höhe des Schadens in DM und Prozent

Schadenssumme bis....DM	[1] 1957 bis 1962 aus 3 Großst.	Nordrh.-Westfalen [2]				Bundesgebiet [3]			Differenz
		1968	1969	1970	1971	1973 [4]	n 1974 [4]	%	1968—1974
20	73,8	67,9	67,4	66,2	61,7	59,1	109 249	58,5	— 9,4
25	23,2	24,2	24,1	24,9	23,0	23,9	44 159	23,6	— 0,6
100		5,9	5,7	6,0	11,2	12,6	24 237	12,97	+ 7,07
500		0,64	0,7	0,7	1,9	2,2	4 528	2,4	+ 1,76
1 000	3,2	0,46	0,44	0,5	1,9	2,0	5 197	2,78	+ 2,32
10 000		0,006	0,01	0,15	0,3	0,17	470	0,025	+ 0,019
50 000						0,015	22	0,0117	
über 50 000									
Zahl der erfaßten Fälle	1 637	31 213	36 721	45 208	172 822	184 044 *)	186 907 **)		

1) eigenes Material „Ladendiebstahl unter der Lupe"   2) Statistik Landeskriminalamt NW   3) Statistiken Bundeskriminalamt Wiesbaden   4) ohne Versuche
*) ohne 1 660 Versuche   **) ohne 1 653 Versuche, 13 Fälle m. Schäden zw. 50 u. 100.000 DM; 9 Delikte über 100 000 DM Schaden

8.1 Kriminalstatistik der Bundesrepublik Deutschland

Geschlecht und Alter der Ladendiebe[1]) in %

Altersgruppen	Geschlecht	1963	1967	1970	1973	1974 n	1974 %	Differenz der %-Anteile 1963—1974 +	
Alle Täter:		35 761	71 759	136 104	164 875	165 251	100	—	
Kinder — 14 Jahre	m	10,1	10,3	10,8	10,0	16 137	9,7		0,4
	w	2,8	3,5	4,6	4,2	6 682	4,0	1,2	
Jugendliche — 18 Jahre	m	7,5	10,4	10,9	9,5	15 717	9,5	2,0	
	w	4,1	6,0	7,9	6,8	10 599	6,4	2,3	
Heranwachsende — 21 Jahre	m	2,5	2,7	3,7	3,9	6 304	3,8	1,3	
	w	3,0	2,6	3,5	2,9	4 745	2,9		0,1
Alle bis 21 Jahre	m	20,1	23,4	25,4	23,4	38 158	23,1	3,0	
	w	9,9	12,1	16,0	13,9	22 026	13,3	3,4	
	m + w	30,0	33,5	41,5	37,3	60 184	36,4	6,4	
Erwachsene über 21 Jahre	m	20,9	22,3	22,3	28,6	50 479	30,5	9,6	
	w	49,1	36,6	36,6	34,0	54 588	33,0		16,1
	m + w	70,0	58,3	58,3	62,7	105 067	63,5		6,5
Summe aller Täter:	m	41,0	47,7	47,7	52,0	88 637	53,6	12,6	
	w	59,0	52,3	52,3	48,0	76 614	46,4		12,6

1) Statistiken des Bundeskriminalamtes Wiesbaden

Alle Tatverdächtigen und der prozentuale Anteil der Ladendiebe[1])

(m = männlich; w = weiblich)

Altersgruppen		Alle Tatver-dächtigen 1974	davon Ladendiebe in Prozent			
			1974	1973	1970	1963
			%	%	%	%
Erwachsene	m	583 416	8,7	8,5	5,4	1,4
	w	135 133	40,4	42,9	37,9	15,7
Heranwachsende	m	113 210	5,6	5,8	4,5	1,2
	w	17 105	27,7	31,1	33,4	13,0
Jugendliche	m	120 446	13,0	13,2	12,7	4,2
	w	21 878	48,4	50,4	51,0	18,3
Kinder	m	59 591	27,4	27,2	23,8	9,9
	w	11 420	58,5	60,4	57,9	23,3
Alle Tatverdächtigen	m	876 663	10,1	10,2	7,6	3,3
	w	185 536	41,3	43,7	40,4	22,9
	m + w	1.062 199	15,6	16,1	13,3	5,4

1) Statistiken des Bundeskriminalamtes Wiesbaden

Tätermobilität[1]

Zusammenhang zwischen Täterwohnsitz und Tatort in Prozent

	1971	1973			1974		
	m + w	m	w	m + w	m	w	m + w
Alle tatverdächtigen Ladendiebe	157 130	85 725	79 150	164 875	88 635	76 614	165 249
Von 100 Ladendieben hatten ihren Wohnsitz							
in Tatortgemeinde	61,7	31,3	31,3	62,6	32,8	30,9	63,7
im Landkreis des Tatortes	12,0	5,1	5,7	10,8	4,8	5,2	10,0
im Bundesland des Tatortes	16,8	8,3	8,2	16,5	8,1	7,5	15,6
im übrigen Bundesgebiet	3,8	2,0	1,7	3,7	2,1	1,6	3,7
außerhalb des Bundesgebietes	0,9	0,4	0,5	0,9	0,5	0,5	0,97
waren ohne festen Wohnsitz	4,9	4,9	0,6	5,5	5,4	0,7	6,1
Summe:	100	52,0	48,0	100	53,7	46,4	100

[1] Statistiken des Bundeskriminalamtes Wiesbaden

Ladendiebe [1]
— bestimmte Gruppen —

		alle	davon			Schußwaffen		
		Ladendiebe	bereits in Erscheinung getreten	erfaßte Berufs- u. Gewohnheitsverbrecher	Landfahrer	mitgeführt	gedroht	geschossen
1971	m	78 375	26 263	813	393	119		
	w	78 755	13 541	109	415	46		
	m + w	157 130	39 804	922	808	163	23	73
1972	m	85 246	30 035	726	379	96		
	w	81 776	14 731	91	397	37		
	m + w	167 022	44 766	817	776	133	2	29
1973	m	85 725	30 876	659	400	62		
	w	79 150	14 810	107	448	38		
	m+w n	164 875	45 686	766	848	100		96
	m+w %	100	27,7	0,46	0,5	0,06		0,06
1974	m	88 637	33 991	699	322	51		
	w	76 614	15 453	75	413	26		
	m+w n	165 251	49 444	774	735	77		
	m+w %	100	29,92	0,47	0,44	0,047		

1) Statistiken des Bundeskriminalamtes Wiesbaden

8.1 Kriminalstatistik der Bundesrepublik Deutschland

Nichtdeutsche Ladendiebe[1])

	1971	1972	1973 m+w		1974				Differenz % 1973 –74
	m+w	m+w	n	%[*]	m	w	m+w	%[**]	
Aufenthalt: illegal	468	625	565	3,3	510	135	645	3,3	—
legal	13 395	15 494	16 777	96,7	10 872	7 771	18 643	96,7	—
Station. Streitkräfte	629	491	520	3,0	290	195	485	2,5	− 0,5
Touristen	1 447	1 644	1 681	9,7	907	859	1 766	9,2	− 0,5
Studenten/Schüler	1 256	1 644	2 076	12,0	1 841	730	2 571	13,3	+ 1,3
Arbeitnehmer	8 305	9 530	9 835	56,8	6 385	4 149	10 534	54,6	− 2,2
Gewerbetreibende	68	84	103	0,6	63	19	82	0,4	− 0,2
Sonstige	1 690	2 082	2 542	14,7	1 386	1 819	3 205	16,6	+ 1,9
Sa. d. nicht deutsch. n	13 863	16 119	17 342	100	11 382	7 906	19 288	100	—
Tatverdächt. %	8,82	9,65	10,5		12,84	10,3	11,67	—	—

1) Statistiken des Bundeskriminalamtes Wiesbaden
*) von allen Nichtdeutschen Ladendieben der jeweiligen Gruppe
**) von allen Ladendieben (m, w, m + w)

Staatsangehörigkeit nichtdeutscher Ladendiebe[1]) in %
— Auswahl von 17 Ländern —

Jahr		1972	1973	1974		Bevölkerungsanteil aller Nichtdeutschen
Alle nichtdeutschen Tatverdächtigen		119 210	126 559	n 134 285	% 100	n 3 867 911
davon Ladendiebe	n	16 119	17 342	19 287	14,4	% 100
	%	13,5	13,7	14,4		in %

in % aus					
Frankreich	2,7	2,8	448	2,3	2,3
Griechenland	10,6	10,1	1 729	8,96	9,8
Großbritannien/Nordirland	1,5	1,5	256	1,3	1,3
Iran/Perlien	1,3	1,3	275	1,4	0,5
Italien	17,5	16,5	3 049	15,8	15,5
Jugoslawien	23,7	23,7	4 772	24,7	16,7
Marokko	0,4	0,4	97	0,5	0,6
Niederlande	1,5	1,3	233	1,2	2,8
Österreich	3,9	3,8	567	2,9	3,7
Schweiz	0,5	0,4	66	0,3	0,6
Spanien	4,4	5,5	890	4,6	6,9
ungeklärte Staatsangehörige	3,9	2,8	588	3,0	6,4
Tschechoslowakai	1,1	0,9	148	0,8	0,6
Türkei	11,0	13,4	3 041	15,8	25,6
Tunesien	0,8	0,7	139	0,7	0,4
Ungarn	0,9	0,7	173	0,9	0,4
USA	3,5	3,6	556	2,9	1,7

1) Statistiken des Bundeskriminalamtes Wiesbaden

8. 2. Der Ladendiebstahl im internationalen Vergleich (nach *Loitz* 1975b)

Bevölkerung 1972

Länder	Einwohner	Anteil in %
Belgien	9 650 944	6,04
BR Deutschland	61 673 500	38,58
Großbritannien	55 798 200	34,9
Niederlande	13 269 563	8,29
Norwegen	3 888 000	2,43
Österreich	7 468 489	4,67
Schweden	8 129 160	5,08
Ges.-Bevölk. der 7 Staaten	159 875 293	100

Anzahl der SB-Läden[1]

Länder	1965	1972	Zuwachs 1965—1972		1972 Einwohner je SB-Laden
			n	%	
Belgien	1 200	3 605	2 405	200,4	2 677
BR Deutschland	53 125	82 950	29 825	56,1	735
Großbritannien	14 632	28 000	13 368	91,4	1 993
Niederlande	5 194	8 638	3 444	66,3	1 536
Norwegen	2 777	4 400	1 623	58,4	884
Österreich	2 991	7 006	4 015	133,5	1 066
Schweden	8 197	8 412	215	2,6	966

[1] Selbstbedienung 1971. „SB in Zahlen" Ausgabe 1973/74

Gesamtkriminalität (1) und alle einfachen Diebstähle (2)
— ohne erschwerende Umstände —

Länder		1965		1972 *)		Zuwachs von 1965—1972 *)	
		1	2	1	2	1	2
Belgien	n	30 424	5 733	48 605	10 025	18 181	4 292
	%	100	18,8	100	20,6	59,8	74,9
BR Deutschland	n	1 789 319	697 969	2 572 530	794 604	783 211	96 635
	%	100	38,8	100	30,9	43,8	13,8
Großbritannien	n	1 133 882	811 869	1 646 081	1 421 994	512 199	610 125
	%	100	71,6	100	86,4	45,2	75,2
Niederlande	n	145 532	83 302	300 089	166 409	154 557	83 107
	%	100	57,2	100	55,5	106,2	99,8
Norwegen	n	47 654	16 482	79 910	21 994	32 256	5 512
	%	100	34,6	100	27,5	67,7	33,4
Schweden	n	412 808	120 046	613 083	165 777	200 275	45 731
	%	100	29,1	100	27,04	48,5	38,1

*) Für Großbritannien 1971 bzw. bis 1971

8.2 Internationaler Vergleich

Ladendiebstähle

Jahr		Belgien	BR Deutschland	Großbritannien	Niederlande	Norwegen	Österreich	Schweden
1963	1	—	43 325	—	6 202	690	—	—
	2		2,6		4,85	1,5		
1964	1	3 100	51 988	—	7 353	749	—	—
	2	10,75	3,0		5,29	1,6		
1965	1	2 900	55 344	66 427	7 996	873	—	13 403
	2	9,32	3,1	5,9	5,49	1,8		3,75
1966	1	2 950	69 706	68 288	8 373	1 097	—	17 922
	2	9,27	3,6	5,7	5,37	2,4		4,13
1967	1	430*)	81 494	70 971	8 348	1 249	—	21 105
	2		3,9	5,9	4,63	2,4		4,54
1968	1	520	99 774	78 490	10 319	1 147	—	23 063
	2		4,6	6,3	5,73	2,2		4,35
1969	1	550	116 261	91 169	10 398	1 298	—	20 331
	2		5,2	6,1	5,42	2,2		3,54
1970	1	680	147 315	101 822	11 562	1 627	—	21 579
	2		6,1	6,5	5,16	2,5		3,74
1971	1	730	174 583	119 281	12 341	1 984	4 067	21 265
	2		7,2	7,2	4,7	2,7		3,38
1972	1	887	185 954	26 736**)	13 307	1 914	4 539	25 526
	2		7,2	1,96	4,43	2,4		4,16
	3	30,6 (66)	304	213 (71)	100,3	49,3	61,3	314

(1 = Anzahl d. Fälle; 2 = Prozente d. Gesamtkriminalität; 3 = Häufigkeitsziffer, auf 100 000 Einwohner bezogen)
*) = nur noch sporadisch erfaßt
**) = nur Delikte mit Schäden über 5 Pfund

Prozentuale Anteile bestimmter Altersgruppen von Ladendieben, verringert um die entsprechenden Bevölkerungsanteile dieser Gruppen

Alter und Geschlecht		Belgien	BR Deutschland	Großbritannien	Niederlande	Norwegen	Österreich	Schweden
bis	m		− 2,5	− 8,1	bis		− 4,99	
14	w		− 7,8	− 9,2	18		− 9,09	
Jahre	m + w		− 9,33	− 17,3	Jahre	− 16,36	− 14,14	+ 5,7
14	m		+ 8,4	+ 3,2	+ 4,76	bis 19	+ 7,0	
bis	w		+ 5,2	+ 1,0	− 8,14	Jahre	+ 2,4	
18 Jahre	m + w		+ 13,47	+ 4,2	− 3,34	+ 14,96	+ 9,4	+ 13,07
18	m		+ 2,25	+ 5,2	über	20 bis	+ 1,07	bis 20
bis	w		+ 1,28	+ 4,4		24 Jahre	+ 1,18	Jahre
21 Jahre	m + w		+ 3,49	+ 9,7	18	− 1,27	+ 2,2	+ 3,23
Alle	m	− 12,25	+ 8,2	− 0,35		alle bis	+ 3,08	alle bis
bis	w	− 8,55	− 0,38	− 3,72	Jahre	24 Jahre	− 5,51	20 Jahre
21jährig	m + w	− 20,8	+ 7,82	− 3,4		− 2,67	− 2,54	+ 21,96
Alle	m	+ 6,42	− 4,8	− 0,11	− 6,38	über	− 3,11	über
über	w	+ 14,38	− 2,8	+ 3,55	+ 10,25	24 Jahre	+ 5,64	20 Jahre
21jährigen	m + w	+ 20,8	− 7,67	+ 2,4	+ 3,34	+ 2,58	+ 2,57	− 21,94
Alle	m	− 5,83	+ 3,2	+ 0,19	− 1,64	+ 5,91	− 0,08	
Gruppen	w	+ 5,83	− 3,24	− 0,19	+ 1,64	− 5,91	+ 0,13	

8.2 Internationaler Vergleich

II. Die Entwicklung der Ladendiebstähle von 1963 – 1972 und die im Jahre 1972 ermittelten Täter

2.1 Belgien

1964 = 3 100 Fälle
1965 = 2 900 Fälle
1966 = 2 950 Fälle.

Diese Werte entsprechen 10,75, 9,35 bzw. 9,27 % der Gesamtkriminalität. Bei den Ladendiebstählen zeigt sich in diesem Zeitraum ein rückläufiger Trend (— 150 Fälle = 4,84 %). In den folgenden Jahren wurde diese Delinquenz nur noch sporadisch erfaßt. Hierbei wird eine deutliche Zunahme von 430 Fällen im Jahre 1967 auf 887 Taten im Jahre 1972 festgestellt. Das ist ein Zuwachs von 457 Delikten (= 106,28 %).

Die Gesamtbevölkerung 1972 rekrutiert sich aus 32,5 % Einwohnern unter 21 Jahren (m = 16,55; w = 15,95) und 67,5 % Älteren, davon m = 32,38; w = 35,12).

Von den 887 Ladendieben dieses Jahres waren 382 männlich (= 43,1 %) und 505 weiblich (= 56,9 %). Die bis 21jährigen Delinquenten waren mit 104 (= 11,7 %), davon 38 männliche (= 4,3 %) und 66 weibliche Beschuldigten (= 7,4 %), vertreten. Die 783 erwachsenen Ladendiebe (= 88,3 %) rekrutierten sich aus 344 männlichen (= 38,8 %) bzw. 439 weiblichen (= 49,5 %) Delinquenten.

2.2 Bundesrepublik Deutschland

In Deutschland stieg die Zahl aller von der Polizei registrierten Straftaten von 1963—1972 um 53,2 % auf 2 572 530 Delikte. Bei den einfachen Diebstählen betrug die Zuwachsrate 17,6 %.
Im Gegensatz dazu wird ein Anschwellen der Ladendiebstahlskriminalität von 43 325 Delikten auf 185 954 Entwendungen festgestellt. Das entspricht einem Zuwachs von 329,2 %.
Vergleicht man den Bevölkerungsanteil einzelner Altersgruppen mit deren Anteil an der Ladendiebstahlsdelinquenz, so ergeben sich für 1972 die folgenden Prozentsätze.

Alter	Geschlecht	Bevölkerung 61 809 400 in %	Ladendiebe 167 022 in %
bis 14 Jahre	m	11,6	9,1
	w	11,0	4,2
	m + w	22,61	13,34
14 bis 18 Jahre	m	2,1	10,5
	w	2,0	7,2
	m + w	4,15	17,62
18 bis 21 Jahre	m	2,05	4,3
	w	1,98	3,2
	m + w	4,03	7,52
Alter bis 21 Jahre	m	15,7	23,9
	w	14,98	14,6
	m + w	30,68	38,5
über 21 Jahre	m	32,0	27,2
	w	37,2	34,4
	m + w	69,1	61,52
Gesamtsumme	m	47,8	51,0
	w	52,2	48,96
	m + w	100	100

2.3 Großbritannien

In der Statistik des „Home Office" sind im Jahre 1972 die Straftaten mit einem Diebesgut unter 5 Pfund Wert nicht mehr enthalten. Das beeinflußt die Werte für dieses Jahr erheblich.
Die Gesamtkriminalität steigt von 1965—1971 um 45,2 % auf 1 646 081 Straftaten. Alle einfachen Diebstähle erreichen dagegen einen Zuwachs von 75,2 % auf 1 429 994 Fälle. Die stärkste Steigerungsquote zeigt sich bei der Ladendiebstahlsdelinquenz (79,57 %). 1965 wurden 66 427 Fälle und 1971 119 281 Entwendungen in Kaufhäusern registriert. Der Anteil der Ladendiebstähle an der Gesamtkriminalität steigt ständig (1965 5,9 %) und erreichte 1971 7,2 %.
Im Jahre 1972 wurden 26 736 Entwendungen in Kaufhäusern registriert. Der Wert des Diebesgutes lag höher als 5 Pfund.
Der Anteil der einzelnen Altersgruppen an der Gesamtbevölkerung und die entsprechende Struktur der Ladendiebe geht aus der nachfolgenden Übersicht hervor.

Alter	Geschlecht	Bevölkerung 55 798 200 in %	Ladendiebe 45 919 in %
bis 14 Jahre	m	11,6	3,5
	w	11,0	1,8
	m + w	22,6	5,3
14—18 Jahre	m	2,9	6,1
	w	2,8	3,8
	m + w	5,7	9,9
18—21 Jahre	m	2,1	7,3
	w	2,0	6,4
	m + w	4,1	13,8
alle bis 21 Jahre	m	16,6	16,9
	w	15,8	12,08
	m + w	32,4	29,0
alle über 21jährigen	m	31,96	31,85
	w	35,6	39,15
	m + w	67,6	71,0
Gesamtsumme	m	48,6	48,79
	w	51,4	51,21
	m + w	100	100

2.4 Niederlande

In den Niederlanden ist die Gesamtkriminalität von 1963—1972 um 134 % auf 300 089 Straftaten angestiegen. Die gleiche Zuwachsrate wird auch bei allen einfachen Diebstählen festgestellt. Die Statistik weist 1972 166 409 Delikte aus. Die Ladendiebstähle sind nicht so stark angewachsen. 1963 wurden 6 202 und 1972 13 307 Fälle registriert. Das entspricht einer Steigerungsrate von 114 %.

Die Entwendungen in Kaufhäusern machten in diesem Zeitraum zwischen 8 % (1972) und 10,34 % (1968) der Gesamtkriminalität aus. Folgende Tabelle gibt für 1972 Aufschluß über den Anteil bestimmter Personengruppen an der Gesamtbevölkerung und deren Beteiligung an Ladendiebstählen.

Alter	Geschlecht	Bevölkerung 13 269 563 in %	Ladendiebe 11 961 in %
bis 18 Jahre	m	18,1	22,86
	w	17,3	9,16
	m + w	35,36	32,02
über 18 Jahre	m	31,8	25,42
	w	32,8	42,55
	m + w	64,64	67,98
Summe	m	49,92	48,28
	w	50,08	51,72
	m + w	100	100

2.5 Norwegen

Die kriminellen Delikte (Criminal offences) in Norwegen sind im Zeitraum von 1963—1972 um 73,3 % auf 79 900 Fälle angestiegen. Alle einfachen Diebstähle hatten nur eine Zuwachsrate von 40,1 % auf 21 994 Delikte. Die Steigerungsquote bei den Ladendiebstählen ist beträchtlich. 1963 wurden 690 Fälle und 1972 1 914 Delikte registriert. Das entspricht 177,4 %. Der Anteil der Ladendiebstahlsdelinquenz an der Gesamtkriminalität betrug 1963 1,5 % und 1972 2,4 %. Die einzelnen Altersgruppen und deren Beteiligung an den Entwendungen in Kaufhäusern gibt die folgende Übersicht wieder.

Alter	Bevölkerung 3 888 000 in %	Ladendiebe 1 035 in %
bis 14 Jahre	25,35	8,99
14—19 Jahre	7,74	22,7
20—24 Jahre	8,03	6,76
Alle bis 24 Jahre	41,12	38,45
Alle über 24 Jahre	58,97	61,55
Gesamtsumme m	49,74	55,65
w	50,26	44,35
m + w	100	100

2.6 Österreich

Angaben über die Gesamtkriminalität liegen hier nicht vor. Die Ladendiebstähle wurden erst im Jahre 1971 in die Polizeiliche Kriminalstatistik aufgenommen. Die Anzahl aller in Österreich verübten Diebstähle stieg von 1971 bis 1972 um 18 % auf 125 685 Fälle. Der Zuwachs bei den Ladendiebstählen betrug 11,6 % auf insgesamt 4 539 Entwendungen. Der Vergleich bestimmter Altersgruppen der Gesamtbevölkerung mit den ermittelten Ladendieben im Jahre 1972 ergibt folgendes Bild.

Alter	Geschlecht	Bevölkerung 7 468 489 in %	Ladendiebe 4 135 in %
bis 6 Jahre	m	4,7	—
	w	4,5	—
	m + w	9,28	
6 bis 14 Jahre	m	6,89	6,6
	w	6,57	1,98
	m + w	13,46	8,6
14—18 Jahre	m	2,99	9,99
	w	2,87	5,27
	m + w	5,86	15,26
18—21 Jahre	m	2,0	3,07
	w	1,99	3,17
	m + w	4,04	6,24
21—25 Jahre	m	2,84	4,2
	w	2,77	4,2
	m + w	5,6	8,42
über 25 Jahre	m	27,49	23,02
	w	34,29	38,5
	m + w	61,77	61,52
Summe	m	46,95	46,87
	w	53,0	53,13
	m + w	100	100

2.7 Schweden

In den übermittelten Statistiken für Schweden sind die Ladendiebstähle erst im Jahre 1965 erfaßt worden.

Der Zuwachs der Gesamtkriminalität betrug 48,2 % auf 613 083 Straftaten. Alle einfachen Diebstähle stiegen nur um 38,09 % auf 165 777 Fälle an. Bei den Ladendiebstählen wurden 1972 25 526 Entwendungen registriert. Das sind 90,45 % mehr als 1965. Der Anteil dieser Delinquenz an der Gesamtkriminalität betrug 1972 4,16 %.

Ein Vergleich der Bevölkerung (älter als 7 Jahre) und der Ladendiebe im Jahre 1970 ist in der folgenden Übersicht festgehalten.

Alter	Geschlecht	Bevölkerung über 7 Jahre 7 370 354 in %	Ladendiebe 13 958 in %
7—14 Jahre	m + w	11,6	17,3
15—18 Jahre	m + w	5,93	19,0
10 und 20 Jahre	m + w	3,17	6,4
Summen 7—20 Jahre	m + w	20,74	42,7
21 Jahre und älter		79,24	57,3

III. Zusammenfassung

Länder	1972		1971	
	Bevölkerung in %	SB-Läden in %	Ladendiebstähle in %	Anteil an der Gesamtkriminalität
Belgien	6,4	2,52	0,22 *)	—
BR Deutschland	38,58	58	52,23	7,2
Großbritannien	34,9	19,58	35,69	7,2
Niederlande	8,29	6,04	3,69	4,7
Norwegen	2,43	3,08	0,59	2,7
Österreich	4,67	4,9	1,22	—
Schweden	5,08	5,88	6,36	3,38

*) nur sporadisch erfaßt

8.3 BAG-Statistik zum Ladendiebstahl *Jahreszahlen 1974*

Zahl der Täter	Zahl der Diebstähle		Verkaufswert der Diebstähle		durchschn. DM-Betrag je Diebstahl
	abs.	in %	in DM	in %	
Einzeltäter	58580	87,9	2094074	78,8	35,00
2 Personen	6617	9,9	425863	16,0	64,00
3 Personen	1119	1,7	88239	3,3	78,00
4 Personen	277	0,4	34298	1,3	123,00
5 Personen	37	0,1	9137	0,3	246,00
6 und mehr Personen	22	—	4784	0,2	217,00
Tabellensumme	66652	100,0	2655395	100,0	39,00
Tabellensumme	66652	100,0	2655395	100,0	39,00
Gesamtzahl	66652	100,0	2656395	100,0	33,00

Diebstahl ausgeführt am:	Zahl der Diebstähle		Verkaufswert der Diebstähle		durchschn. DM-Betrag je Diebstahl
	abs.	in %	in DM	in %	
Montag	11354	17,0	460669	17,3	40,00
Dienstag	11258	16,9	448237	16,9	39,00
Mittwoch	10949	16,4	436605	16,4	39,00
Donnerstag	11096	16,7	436413	16,4	39,00
Freitag	11902	17,9	448682	16,9	37,00
Samstag	10062	15,1	424692	16,0	42,00
Tabellensumme	66621	100,0	2655298	100,0	39,00
Tabellensumme	66621	100,0	2655298	100,0	39,00
Gesamtzahl	66652	100,0	2655395	100,0	39,00

8. Dokumentation

Uhrzeit des Diebstahls	Zahl der Diebstähle		Verkaufswert der Diebstähle		durchschn. DM-Betrag je Diebstahl
	abs.	in %	in DM	in %	
8.00— 8.59	93	0,1	2834	0,1	30,00
9.00— 9.59	2069	3,1	68558	2,6	33,00
10.00—10.59	5249	7,9	173052	6,6	32,00
11.00—11.59	7767	11,7	275433	10,4	35,00
12.00—12.59	7889	11,9	315747	12,0	40,00
13.00—13.59	7439	11,2	313663	11,9	42,00
14.00—14.59	6886	10,3	301654	11,4	43,00
15.00—15.59	7784	11,7	328090	12,4	42,00
16.00—16.59	8943	13,4	352660	13,4	39,00
17.00—17.59	8293	12,5	332452	12,6	40,00
18.00—18.59	4135	6,2	173637	6,6	41,00
Tabellensumme	66547	100,0	2637780	100,0	39,00
Tabellensumme	66547	99,8	2637780	99,3	39,00
Gesamtzahl	66652	100,0	2656395	100,0	39,00

Tage im Monat	Zahl der Diebstähle		Verkaufswert der Diebstähle		durchschn. DM-Betrag je Diebstahl
	abs.	in %	in DM	in %	
1— 5	11258	16,9	469934	17,8	41,00
6—10	11417	17,1	443995	16,8	38,00
11—15	11050	16,6	447769	16,9	40,00
16—20	10861	16,3	425488	16,1	39,00
21—25	10729	16,1	406736	15,4	37,00
26—31	11301	17,0	452025	17,1	39,00
Tabellensumme	66616	100,0	2645947	100,0	39,00
Tabellensumme	66616	99,9	2645947	99,6	39,00
Gesamtzahl	66652	100,0	2656395	100,0	39,00

8.3 BAG-Statistik

Diebstähle im Monat	Zahl der Diebstähle abs.	in %	Verkaufswert der Diebstähle in DM	in %	durchschn. DM-Betrag je Diebstahl
Januar	7429	11,1	250582	9,4	33,00
Februar	6036	9,1	214297	8,1	35,00
März	6177	9,3	214663	8,1	34,00
April	5126	7,7	206449	7,8	40,00
Mai	5303	8,0	185800	7,0	35,00
Juni	4719	7,1	166102	6,3	35,00
Juli	4935	7,4	210489	7,9	42,00
August	4470	6,7	196680	7,4	44,00
September	4822	7,2	216769	8,2	44,00
Oktober	5649	8,5	249873	9,4	44,00
November	5664	8,5	253897	9,6	44,00
Dezember	6319	9,5	290669	10,9	45,00
Tabellensumme	66649	100,0	2656270	100,0	39,00
Tabellensumme	66649	100,0	2656270	100,0	39,00
Gesamtzahl	66652	100,0	2656395	100,0	39,00

Zahl der gestohlenen Warengruppen	Zahl der Diebstähle abs.	in %	Verkaufswert der Diebstähle in DM	in %	durchschn. DM-Betrag je Diebstahl
1 Warengruppe	55846	83,9	1807853	68,6	32,00
2 Warengruppen	7077	10,6	402175	15,3	56,00
3 Warengruppen	3671	5,5	425787	16,2	115,00
Tabellensumme	66594	100,0	2635815	100,0	39,00
Tabellensumme	66594	99,9	2635815	99,2	39,00
Gesamtzahl	66652	100,0	2656395	100,0	39,00

Warengruppen	Zahl der Diebstähle		Verkaufswert der Diebstähle		durchschn. DM-Betrag je Diebstahl
	abs.	in %	in DM	in %	
Herrenanzüge	89	0,1	20700	0,8	232,00
Herrensakkos, -jacken	248	0,3	57806	2,2	233,00
Herrenhosen	595	0,7	46146	1,8	77,00
Herrenhemden, -strickwaren	850	1,0	41428	1,6	48,00
Herrenunterwäsche	363	0,4	8683	0,3	23,00
Herrenberufskleidung	29	—	2040	0,1	70,00
sonstige Herrenartikel	564	0,7	20693	0,8	36,00
Damenmäntel	55	0,1	16860	0,6	306,00
Damenkostüme	104	0,1	17903	0,7	172,00
Damenjacken	236	0,3	36253	1,4	153,00
Damenkleider	453	0,6	53680	2,0	118,00
Damenhosen, -röcke	1457	1,8	116903	4,4	80,00
Damenblusen, -strickwaren	1967	2,4	97684	3,7	49,00
Damenunterwäsche, Miederwaren	1082	1,3	32759	1,2	30,00
Kinderoberbekleidung	914	1,1	51313	1,9	56,00
Kinderwäsche	233	0,3	6968	0,3	29,00
Babybekleidung	94	0,1	3475	0,1	36,00
Bademoden	380	0,5	17414	0,7	45,00
Decken, Bettwaren	244	0,3	23513	0,9	96,00
Gardinen, Dekostoffe	103	0,1	5828	0,2	56,00
Handarbeiten, Handarbeits-Artikel	268	0,3	7528	0,3	28,00
Handschuhe	371	0,5	14169	0,5	38,00
Haushaltswäsche	506	0,6	26376	1,0	52,00
Kurzwaren	908	1,1	11631	0,4	12,00
Lederbekleidung	524	0,6	172175	6,5	328,00
Modewaren	356	0,4	10468	0,4	29,00
Pelzbekleidung	138	0,2	91066	3,5	659,00
Putz	131	0,2	7703	0,3	58,00
Schirme, Stöcke	620	0,8	30687	1,2	49,00

8.3 BAG-Statistik

Warengruppen	Zahl der Diebstähle		Verkaufswert der Diebstähle		durchschn. DM-Betrag je Diebstahl
	abs.	in %	in DM	in %	
Stoffe für Bekleidung	99	0,1	4217	0,2	42,00
Strümpfe	842	1,0	12686	0,5	15,00
Taschentücher	92	0,1	1669	0,1	18,00
Teppiche, Teppichböden	55	0,1	10686	0,4	194,00
Herrenschuhe	363	0,4	20042	0,8	55,00
Damenschuhe	422	0,5	21128	0,8	50,00
Kinderschuhe	145	0,2	4940	0,2	34,00
Sport-, Haus-, Überschuhe	132	0,2	3376	0,1	25,00
Schuhzubehör	45	0,1	462	—	10,00
Beleuchtung, Installationsmaterial	524	0,6	9915	0,4	18,00
Elektrogeräte	504	0,6	28217	1,1	55,00
Geschenkartikel/Bilder	1042	1,3	51274	1,9	49,00
Glas, Porzellan	385	0,5	11627	0,4	30,00
Hausrat	1810	2,2	43515	1,7	24,00
Heimwerker	1879	2,3	60801	2,3	32,00
Klein-, Gartenmöbel	14	—	559	—	39,00
Möbel	17	—	1853	0,1	109,00
Rundfunk-, Fernseh-, Phonogeräte	833	1,0	184599	7,0	221,00
Rundfunk-, Fernseh-, Phonozubehör	1212	1,5	47168	1,8	38,00
Schallplatten, Tonbänder, Kassetten	3931	4,9	145229	5,5	36,00
Autozubehör	654	0,8	26840	1,0	41,00
Blumen	57	0,1	590	—	10,00
Bücher, Zeitschriften	1515	1,9	23915	0,9	15,00
Foto, Optik	1382	1,7	80227	3,0	58,00
Kinderwagen	38	—	1119	—	29,00
Lederwaren	2584	3,2	114031	4,3	44,00
Parfümerie	6052	7,5	93514	3,6	15,00
Schmuckwaren (echter Schmuck)	315	0,4	20266	0,8	64,00
Schmuckwaren (Modeschmuck)	2473	3,1	46615	1,8	18,00

Warengruppen	Zahl der Diebstähle		Verkaufswert der Diebstähle		durchschn. DM-Betrag je Diebstahl
	abs.	in %	in DM	in %	
Schreibwaren	4458	5,5	69895	2,7	15,00
Spielwaren	4697	5,8	71085	2,7	15,00
Sportartikel	1513	1,9	36077	1,4	23,00
Uhren	1414	1,7	59616	2,3	42,00
Zoologische Artikel	308	0,4	4282	0,2	13,00
Delikatessen	1170	1,4	14576	0,6	12,00
Frischfleisch	3237	4,0	46395	1,8	14,00
Weine, Spirituosen	4313	5,3	67494	2,6	15,00
Sonstige Lebensmittel	10426	12,9	103061	3,9	9,00
Süßwaren	3064	3,8	12135	0,5	3,00
Tabakwaren	3115	3,8	27865	1,1	8,00
Tabellensumme	81013	100,0	2633413	100,0	32,00
Tabellensumme	81013	121,5	2633413	99,1	32,00
Gesamtzahl	66652	100,0	2656395	100,0	39,00

8.3 BAG-Statistik

Diebstahl entdeckt von ...	Zahl der Diebstähle		Verkaufswert der Diebstähle		durchschn. DM-Betrag je Diebstahl
	abs.	in %	in DM	in %	
Hausdetektiv	40010	60,0	1497184	56,4	37,00
Geschäfts-/Betriebsleitung	282	0,4	21450	0,8	76,00
Abteilungsleiter/Substitut	3588	5,4	174924	6,6	48,00
Kassen-/Verkaufsaufsicht	1835	2,8	54905	2,1	29,00
geschulte Verkäuferin	14467	21,7	653878	24,6	45,00
nicht geschulte Verkäuferin	4031	6,0	131907	5,0	32,00
Kunden	2430	3,6	121811	4,6	50,00
Tabellensumme	66643	100,0	2656059	100,0	39,00
Tabellensumme	66643	100,0	2656059	100,0	39,00
Gesamtzahl	66652	100,0	2656395	100,0	39,00

Verhalten beim Ansprechen	Zahl der Diebstähle		Verkaufswert der Diebstähle		durchschn. DM-Betrag je Diebstahl
	abs.	in %	in DM	in %	
ohne Widerstand mitgekommen	61123	91,8	2189377	82,7	35,00
mit Widerstand mitgekommen	5432	8,2	459489	17,3	84,00
dabei: Ware nicht freiwillig gegeben	2733	4,1	186737	7,0	68,00
Fluchtversuch	3181	4,8	322683	12,2	101,00
Tätlichkeit	948	1,4	109937	4,2	115,00
Tabellensumme	66555	100,0	2648866	100,0	39,00
Tabellensumme	66555	99,9	2648866	99,7	39,00
Gesamtzahl	66652	100,0	2656395	100,0	39,00

8. Dokumentation

Verhalten im Büro	Zahl der Diebstähle		Verkaufswert der Diebstähle		durchschn. DM-Betrag je Diebstahl
	abs.	in %	in DM	in %	
reibungsloser Ablauf	48696	73,5	1766001	67,0	36,00
Ablauf nicht reibungslos	17562	26,5	870655	33,0	49,00
dabei: Waren nicht freiwillig gegeben	2725	4,1	174364	6,6	63,00
Ausweis nicht freiwillig gezeigt	1140	1,7	86661	3,3	76,00
ohne Ausweis	14495	21,9	611300	23,2	42,00
Fluchtversuch	1378	2,1	147245	5,6	106,00
Tätlichkeit	641	1,0	74502	2,8	116,00
Tabellensumme	66258	100,0	2636656	100,0	39,00
Tabellensumme	66258	99,4	2636656	99,3	39,00
Gesamtzahl	66652	100,0	2656395	100,0	39,00

Alter-Einzeltäter	Zahl der Diebstähle		Verkaufswert der Diebstähle		durchschn. DM-Betrag je Diebstahl
	abs.	in %	in DM	in %	
unter 14 Jahre	9491	16,2	148279	7,1	15,00
14–17 Jahre	7981	13,6	222201	10,6	27,00
18–20 Jahre	4051	6,9	192600	9,2	47,00
21–39 Jahre	17905	30,6	981473	46,9	54,00
40–59 Jahre	10737	18,3	405268	19,4	37,00
60 und mehr Jahre	8401	14,3	143862	6,9	17,00
Tabellensumme	58566	100,0	2093683	100,0	35,00
Tabellensumme	58566	87,9	2093683	78,8	35,00
Gesamtzahl	66652	100,0	2656395	100,0	39,00

8.3 BAG-Statistik

Beruf-Einzeltäter	Zahl der Diebstähle		Verkaufswert der Diebstähle		durchschn. DM-Betrag je Diebstahl
	abs.	in %	in DM	in %	
Schüler	15452	26,4	285866	13,7	18,00
Student	651	1,1	20909	1,0	32,00
Hausfrau	10638	18,2	440201	21,0	41,00
Rentner/Pensionär	5820	9,9	96279	4,6	16,00
Auszubildender	1378	2,4	46080	2,2	33,00
Angestellter	5412	9,2	232082	11,1	42,00
Handwerker/Arbeiter	12178	20,8	592427	28,3	48,00
Selbständiger	616	1,1	24928	1,2	40,00
ohne Berufsangaben	6418	11,0	354480	16,9	55,00
Tabellensumme	58563	100,0	2093252	100,0	35,00
Tabellensumme	58563	87,9	2093252	78,8	35,00
Gesamtzahl	66652	100,0	2656395	100,0	39,00

Geschlecht-Einzeltäter	Zahl der Diebstähle		Verkaufswert der Diebstähle		durchschn. DM-Betrag je Diebstahl
	abs.	in %	in DM	in %	
männlich	33532	57,3	1218090	58,2	36,00
weiblich	25032	42,7	875056	41,8	34,00
Tabellensumme	58564	100,0	2093146	100,0	35,00
Tabellensumme	58564	87,9	2093146	78,8	35,00
Gesamtzahl	66652	100,0	2656395	100,0	39,00

Familienstand-Einzeltäter	Zahl der Diebstähle		Verkaufswert der Diebstähle		durchschn. DM-Betrag je Diebstahl
	abs.	in %	in DM	in %	
verheiratet	21396	36,5	837677	40,0	39,00
ledig/verwitwet/geschieden	37145	63,5	1255010	60,0	33,00
Tabellensumme	58541	100,0	2092687	100,0	35,00
Tabellensumme	58541	87,8	2092687	78,8	35,00
Gesamtzahl	66652	100,0	2656395	100,0	39,00

Art der Tätergruppe	Zahl der Diebstähle		Verkaufswert der Diebstähle		durchschn. DM-Betrag je Diebstahl
	abs.	in %	in DM	in %	
Ehepaar	552	7,2	37858	7,0	68,00
Ehepaar mit Kindern	190	2,5	17418	3,2	91,00
sonstige Gruppe	6946	90,3	486315	89,8	70,00
Tabellensumme	7688	100,0	541591	100,0	70,00
Tabellensumme	7688	11,5	541591	20,4	70,00
Gesamtzahl	66652	100,0	2656395	100,0	39,00

8.3 BAG-Statistik

Alter-Gruppentäter	Zahl der Täter	
	abs.	in %
unter 14 Jahre	6767	38,9
14—17 Jahre	3921	22,5
18—20 Jahre	1382	7,9
21—39 Jahre	3927	22,6
40—59 Jahre	1076	6,2
60 und mehr Jahre	334	1,9
Tabellensumme	17407	100,0
Tabellensumme	17407	26,1
Gesamtzahl	66652	100,0

Beruf-Gruppentäter	Zahl der Täter	
	abs.	in %
Schüler	9648	55,5
Student	338	1,9
Hausfrau	1726	9,9
Rentner/Pensionär	262	1,5
Auszubildender	425	2,4
Angestellter	613	3,5
Handwerker/Arbeiter	2182	12,6
Selbständiger	65	0,4
ohne Berufsangaben	2125	12,2
Tabellensumme	17384	100,0
Tabellensumme	17384	26,1
Gesamtzahl	66652	100,0

Geschlecht-Gruppentäter	Zahl der Täter	
	abs.	in %
männlich	10336	59,5
weiblich	7025	40,5
Tabellensumme	17361	100,0
Tabellensumme	17361	26,0
Gesamtzahl	66652	100,0

Familienstand-Gruppentäter	Zahl der Täter	
	abs.	in %
verheiratet	3238	18,6
ledig/verw./geschieden	14133	81,4
Tabellensumme	17371	100,0
Tabellensumme	17371	26,1
Gesamtzahl	66652	100,0

Nationalität-Gruppentäter	Zahl der Täter	
	abs.	in %
Deutsche/r	14684	84,8
Ausländer/in	2642	15,2
Tabellensumme	17326	100,0
Tabellensumme	17326	26,0
Gesamtzahl	66652	100,0

8.3 BAG-Statistik

Nationalität-Einzeltäter	Zahl der Diebstähle		Verkaufswert der Diebstähle		durchschn. DM-Betrag je Diebstahl
	abs.	in %	in DM	in %	
Deutsche/r	50597	86,7	1762288	84,5	34,00
Ausländer/in	7737	13,3	322415	15,5	41,00
Tabellensumme	58334	100,0	2084703	100,0	35,00
Tabellensumme	58334	87,5	2084703	78,5	35,00
Gesamtzahl	66652	100,0	2656395	100,0	39,00

8. Dokumentation

Erhebungsbogen

ANHANG ZUM DIEBSTAHLPROTOKOLL (Nur Kundendiebstähle)

1	**Firmennummer**	11	**Art der Tätergruppe** — 45 — Ehepaar 1 / Ehepaar mit Kind/ern 2 / sonstige Gruppe 3
2	**Filialnummer** — Tag	Monat	Jahr	12	**Verhalten beim Ansprechen** — Mehrfachnennungen sind möglich — bei Tätergruppen ist das vorherrschende Verhalten in der Gruppe anzugeben — 46–49 — ohne Widerstand mitgekommen 1 / Ware nicht freiwillig herausgegeben 2 / Fluchtversuch 3 / Tätlichkeit 4
3	**Datum des Diebstahls** 8–13 Std. Min.		
4	**Uhrzeit** 14–17	13	**Vernehmung im Büro** — Mehrfachnennungen sind möglich — bei Tätergruppen ist das vorherrschende Verhalten in der Gruppe anzugeben — 50–55 — reibungsloser Ablauf 1 / Ware nicht freiwillig herausgegeben 2 / Ausweis nicht freiwillig vorgezeigt 3 / ohne jeden Ausweis 4 / Fluchtversuch 5 / Tätlichkeit 6
5	**VK-Wert der gestohlenen Ware insgesamt** (auf vollen DM-Betrag auf-/abgerundet) 18–21 (voller DM-Betrag) VK-Wert der Ware — Warengruppen-Nr. — **davon entfallen auf:** — bei Diebstahl von Artikeln einer Warengruppe ist nur Zeile 1 auszufüllen — bei Diebstahl von Artikeln mehrerer Warengruppen sind bis zu 3 Warengruppen anzugeben und zwar nach der Höhe der Verkaufswerte — Warengruppen-Numerierung umseitig → 1. 22–23 / 24–27 — 2. 28–29 / 30–33 — 3. 34–35 / 36–39		**Angaben zur Person des/der Täter/s** — Einzeltäter: Angaben nur in Spalte 1 zu den Fragen 14 bis 18 — Tätergruppe: Angaben je Täter der Gruppe in den Spalten 1 bis 4 zu den Fragen 14 bis 18

8.3 BAG-Statistik

									Täter			
									1	2	3	4
6	Diebstahl ausgeführt am		40			14	Alter		56	61	66	71
	Montag	1										
	Dienstag	2										
	Mittwoch	3										
	Donnerstag	4										
	Freitag	5										
	Samstag	6					unter 14 Jahre	1				
7	Diebstahl entdeckt von (nur eine Angabe möglich)		41				14 – unter 18 Jahre	2				
							18 – unter 21 Jahre	3				
							21 – unter 40 Jahre	4				
							40 – unter 60 Jahre	5				
	Hausdetektiv	1					60 Jahre und mehr	6				
	Geschäfts-/Betriebsleitung	2				15	Beruf		57	62	67	72
	Abteilungsleiter/Substitut	3					Schüler	1				
	Kassen-/Verkaufsaufsichten	4					Student	2				
	geschulte/r Verkäufer/in	5					Hausfrau	3				
	nicht geschulte/r Verkäufer/in	6					Rentner/Pensionär	4				
	Kunden	7					Auszubildender	5				
8	Wurde Anzeige erstattet		42				Angestellter/Beamter	6				
	nein	1					Handwerker/Arbeiter	7				
	wenn ja: bei der Polizei	2					Selbständiger	8				
	bei der Staatsanwaltschaft	3					ohne Berufsangabe	9				
9	Wurde Hausverbot ausgesprochen		43			16	Geschlecht		58	63	68	73
	ja	1					männlich	1				
	nein	2					weiblich	2				
10	Diebstahl ausgeführt von		44			17	Familienstand		59	64	69	74
	Einzeltäter	1					verheiratet	1				
	Tätergruppe bestehend aus 2 gefaßten Pers.	2					ledig/verw./geschied.	2				
	" – " 3 " – "	3				18	Nationalität		60	65	70	75
	" – " 4 " – "	4					Deutsche/r	1				
	" – " 5 " – "	5					Ausländer/in	2				
	" – " 6 und mehr " – "	6										

Hinweise zum Ausfüllen des Vordrucks „Anhang zum Diebstahlprotokoll"

Der Fragebogen ist nur auszufüllen für alle des Diebstahls bzw. der Beteiligung am Diebstahl überführten Kunden, für die ein Diebstahlprotokoll aufgenommen wurde.

Alle Fragen sind **nur** in den stark umrandeten Feldern zu beantworten. Die Eintragung **gut lesbarer Ziffern** ist für die Auswertung über EDV notwendig.

Fragen 1—4: Die zutreffenden Daten sind in die waagerechten Felder rechtsbündig einzutragen (je Feld = 1 Ziffer). Vornullen bei Nichtausnutzung der Felder sind nicht erforderlich.

Frage 5: Die Spezifikation des insgesamt gestohlenen Warenwertes nach Warengruppen und VK-Werten je Warengruppe ist entsprechend dem untenstehenden Warengruppenverzeichnis vorzunehmen. Mehrere gestohlene Artikel der gleichen Warengruppe sind zusammenzufassen.
Auch wenn es sich nur um gestohlene Ware einer Warengruppe handelt, ist die Wiederholung des VK-Wertes mit Angabe der betreffenden Warengruppen- Nr. erforderlich (Zeile 1).
Stammt das Diebesgut aus mehr als 3 Warengruppen, sind nur die 3 nach dem Warenwert am stärksten beteiligten Warengruppen aufzuführen. Die Höhe der gestohlenen Warenwerte ist hierbei maßgebend für die Reihenfolge der Eintragungen in den Zeilen 1 bis 3 (Zeile 1 = höchster Warenwert, Zeile 2 = zweithöchster Warenwert etc.). Bei bis zu 3 Warengruppen muß die Addition der Einzel-VK-Werte den VK-Wert der gestohlenen Ware insgesamt ergeben.

Fragen 6—10: Für jede mögliche Antwort der Fragen steht eine Ziffer. Die zutreffende Antwortziffer ist in dem senkrechten, stark umrandeten Feld **einzutragen** (nicht ankreuzen bzw. einkreisen). Größe der Ziffer und Placierung innerhalb dieser Felder ist freigestellt.

Frage 11: Nur für Tätergruppen. Übertragung der Antwortziffer wie bei den Fragen 6—10.

Fragen 12 u. 13: Sofern unterschiedliche Verhaltensweisen den/die Täter beim Ansprechen bzw. bei der Vernehmung im Büro charakterisieren, können mehrere Antworten gegeben werden. Die zutreffenden Ziffern sind bei diesen Fragen in den stark umrandeten Feldern direkt neben die Antworten-Numerierung zu setzen.

Fragen 14—18: Die Numerierung der senkrechten Spalten (Täter 1—4) bezieht sich auf alle 5 Fragen.
Bei **Einzeltätern** ist die Beantwortung der Fragen 14—18 nur in der Spalte 1 vorzunehmen.
Bei **Tätergruppen** ist zur Angabe der Personalien für jeden Täter der Gruppe eine Spalte vorgesehen. Die Anzahl der gefaßten Personen einer Tätergruppe (Frage 10) muß mit den Angaben über die Personalien der Täter übereinstimmen (sofern nicht über 4 Täter).
Übertragung der Antwortziffern wie bei den Fragen 6—10.

8.3 BAG-Statistik

Warengruppenverzeichnis

Herrenbekleidung — Nr.
- Herrenmäntel ... 1
- Herrenanzüge ... 2
- Herrensakkos, -jacken ... 3
- Herrenhosen ... 4
- Herrenhemden, -strickwaren ... 5
- Herrenunterwäsche ... 6
- Herrenberufsbekleidung ... 7
- sonstige Herrenartikel ... 8

Damenbekleidung
- Damenmäntel ... 9
- Damenkostüme ... 10
- Damenjacken ... 11
- Damenkleider ... 12
- Damenhosen, -röcke ... 13
- Damenblusen, -strickwaren ... 14
- Damenunterwäsche, Miederwaren ... 15

Kinder- und Babybekleidung
- Kinderoberbekleidung ... 16
- Kinderwäsche ... 17
- Babybekleidung ... 18

Sonst. Textilien u. Bekleidung etc.
- Bademoden ... 19
- Decken, Bettwaren ... 20
- Gardinen, Dekostoffe ... 21
- Handarbeiten, Handarbeitsartikel ... 22
- Handschuhe ... 23
- Haushaltswäsche ... 24

Nr.
- Kurzwaren ... 25
- Lederbekleidung ... 26
- Modewaren ... 27
- Pelzbekleidung ... 28
- Putz ... 29
- Schirme, Stöcke ... 30
- Stoffe (für Bekleidung) ... 31
- Strümpfe ... 32
- Taschentücher ... 33
- Teppiche, Teppichböden ... 34

Schuhwaren
- Herrenschuhe ... 35
- Damenschuhe ... 36
- Kinderschuhe ... 37
- Sport-, Haus- und Oberschuhe ... 38
- Schuhzubehör ... 39

Möbel und Hausrat
- Beleuchtung, Installationsmaterial ... 40
- Elektrogeräte ... 41
- Geschenkartikel / Bilder ... 42
- Glas, Porzellan ... 43
- Hausrat ... 44
- Heimwerker ... 45
- Klein-, Gartenmöbel ... 46
- Möbel ... 47
- Rundfunk-, Fernseh-, Phonogeräte ... 48
- Rundf.-, Fernseh-, Phonozubehör ... 49
- Schallpl., Tonbänder, Kassetten ... 50

Nr.
Verschiedener Bedarf
- Autozubehör ... 51
- Blumen ... 52
- Bücher, Zeitschriften ... 53
- Foto, Optik ... 54
- Kinderwagen ... 55
- Lederwaren ... 56
- Parfümerie ... 57
- Schmuckwaren (echter Schmuck) ... 58
- Schmuckwaren (Modeschmuck) ... 59
- Schreibwaren ... 60
- Spielwaren ... 61
- Sportartikel ... 62
- Uhren ... 63
- zoologische Artikel ... 64

Nahrungs- und Genußmittel
- Delikatessen ... 65
- Frischfleisch ... 66
- Weine, Spirituosen ... 67
- sonstige Lebensmittel ... 68
- Süßwaren ... 69
- Tabakwaren ... 70

8. 4. Einzelerhebungen (nach *Zöllner* 1976)

Der Einsatz von Hausdetektiven, Spiegel- und Kamerasystemen in den an der Untersuchung beteiligten Einzelhandlungen

Einsatz von Hausdetektiven	Zahl d. unters. Betriebe abs. in %	Einsatz v. Spiegelsyst.	Zahl der unters. Betriebe abs. in %	Einsatz v. Kamerasystemen	Zahl der unters. Betriebe abs. in %
nein	164 33,o	nein	324 65,1	nein	423 84,9
ja	333 67,o	ja	174 34,9	ja	75 15,1
Tabellensumme	497 1oo,o	Tabellensumme	498 1oo,o	Tabellensumme	498 1oo,o

Der Einsatz von Hausdetektiven nach den Betriebsformen der an der Untersuchung beteiligten Einzelhandlungen

Einsatz von Hausdetektiven	Betriebsformen				Summe	
	Warenhaus	Kleinpreisgesch.	Fachgesch. Textil u. Bekleidg.	Fachgesch. sonstiges	abs.	in %
nein	9o	2	71	1	164	33,o
ja	242	91	o	o	333	67,o
Summe abs.	332	93	71	1	497	
Summe in %	66,8	18,7	14,2	o,2		1oo,o

8.4 Einzelerhebungen

Der Einsatz von Spiegelsystemen nach den Betriebsformen der an der Untersuchung beteiligten Einzelhandlungen

Einsatz von Spiegelsystemen	Betriebsformen				Summe	
	Warenhaus	Kleinpreisgesch.	Fachgesch. Textil u. Bekleidg.	Fachgesch. sonstiges	abs.	in %
nein	259	1	63	1	324	65,1
ja	74	92	8	0	174	34,9
Summe abs.	333	93	71	1	498	
Summe in %	66,9	18,7	14,2	0,2		100,0

Der Einsatz von Kamerasystemen nach den Betriebsformen der an der Untersuchung beteiligten Einzelhandlungen

Einsatz von Kamerasystemen	Betriebsformen				Summe	
	Warenhaus	Kleinpreisgesch.	Fachgesch. Textil u. Bekleidg.	Fachgesch. sonstiges	abs.	in %
nein	274	78	70	1	423	84,9
ja	59	15	1	0	75	15,1
Summe abs.	333	93	71	1	498	
Summe in %	66,9	18,7	14,2	0,2		100,0

Aufgliederung der Ladendiebstähle nach Verhalten der
Ladendiebe im Büro

Verhalten im Büro	Zahl der Diebstähle abs.	in %	Verkaufswert d. Diebstähle in DM	in %	durchschn. DM-Betrag je Diebstahl
	1	2	3	4	5
reibungsloser Ablauf	51075	71,9	1625831	64,5	31,oo
Ablauf nicht reibungslos	19979	28,1	895771	35,5	44,oo
dabei: Ware nicht freiw. gegeben	3572	5,o	223452	8,9	62,oo
Ausweis nicht freiw. gezeigt	1383	1,9	97496	3,9	7o,oo
ohne Ausweis	16342	23,o	62529o	24,8	38,oo
Fluchtversuch	1568	2,2	137o7o	5,4	87,oo
Tätlichkeit	7o6	1,o	65151	2,6	92,oo
Tabellensumme	71o54	1oo,o	252 16o2	1oo,o	35,oo

Aufgliederung der Ladendiebstähle in bezug auf Aussprechen
von Hausverbot gegen Ladendiebe

Wurde Hausverbot ausgesprochen?	Zahl der Diebstähle abs.	in %	Verkaufswert d. Diebstähle in DM	in %	durchschn. DM-Betrag je Diebstahl
	1	2	3	4	5
Ja	68226	95,6	2435988	96,o	35,oo
Nein	3159	4,4	1oo854	4,o	31,oo
Tabellensumme	71385	1oo,o	2536842	1oo,o	35,oo

8.4 Einzelerhebungen

Aufgliederung der Ladendiebstähle in bezug auf Erstatten einer Anzeige gegen Ladendiebe

Wurde Anzeige erstattet?	Zahl der Diebstähle abs.	in %	Verkaufwert d. Diebstähle in DM	in %	durchschn. DM-Betrag je Diebstahl
	1	2	3	4	5
Nein	17210	24,1	212997	8,4	12,oo
Ja, bei der Polizei	52884	74,1	2281313	89,9	43,oo
Ja, bei der Staatsanwaltschaft	1287	1,8	42453	1,7	32,oo
Tabellensumme	71381	1oo,o	2536763	1oo,o	35,oo

Verhalten der Ladendiebe im Büro in Abhängigkeit vom Diebstahlswert

Diebstahlswertgruppierungen	Zahl der Protokolle abs.	Verhalten im Büro	
		reibungsloser Ablauf in %	Ablauf nicht reibungslos in %
1 - 5 DM	23395	74,3	25,7
6 - 1o DM	1218o	74,9	25,1
11 - 2o DM	11623	72,6	27,4
21 - 5o DM	12577	7o,o	3o,o
51 - 1oo DM	6o7o	67,7	32,3
über 1oo DM	52o9	62,o	38,o

Anzeigeneigung in Abhängigkeit vom Diebstahlswert

Diebstahlswert-gruppierungen	Zahl der Protokolle	Wurde Anzeige erstattet?		
		Nein	Ja, bei der Polizei	Ja, bei der Staatsanw.
	abs.	in %	in %	in %
1 - 5 DM	23499	42,4	55,8	1,8
6 - 1o DM	12239	24,7	73,2	2,2
11 - 2o DM	11676	17,8	8o,4	1,8
21 - 5o DM	12631	12,o	86,3	1,7
51 - 1oo DM	61oo	6,9	91,5	1,5
über 1oo DM	5236	4,o	94,5	1,5

Anzeigeneigung in Abhängigkeit vom Alter der Täter

Alter Einzeltäter	Zahl der Protokolle	Wurde Anzeige erstattet?		
		Nein	Ja, bei der Polizei	Ja, bei der Staatsanw.
	abs.	in %	in %	in %
unter 14 Jahren	9996	57,8	41,9	o,3
14 - 17 Jahre	8796	2o,1	78,7	1,2
18 - 2o Jahre	4455	13,2	85,o	1,8
21 - 39 Jahre	18884	13,3	84,7	1,9
4o - 59 Jahre	11662	13,8	83,1	3,1
6o u. mehr Jahre	9196	31,7	65,6	2,8

8.4 Einzelerhebungen

Entwicklung der Selbstbedienungsläden [1] mit Lebensmitteln und der Ladendiebstähle [2] im Bundesgebiet von 1960 - 1973

Jahr	Zahl der SB-Läden		Zahl der erfaßten Ladendiebstähle	
	abs.	Index (1960 = 100)	Index (1965 = 100)	absolut	Index (1965 = 100)
1960	22619	100	-	-
1961	-	-	-	-
1962	-	-	-	-
1963	-	-	43325	-
1964	-	-	51988	-
1965	62714	277	100	55344	100
1966	72241	319	115	69706	125
1967	80214	355	127	81494	147
1968	85357	377	136	99774	180
1969	85602	378	136	116261	210
1970	86398	382	137	147315	266
1971	82950	367	132	174583	315
1972	79723	352	127	185954	336
1973	78751	348	125	185732	336

1) Zusammengestellt und errechnet nach: SB in Zahlen, hrsg. vom ISB, Ausgabe 1973/74, S. 14
2) Zusammengestellt und errechnet nach: Statistiken des Bundeskriminalamtes, Jahrgänge 1963 - 1973

Entwicklung des Lebensmitteleinzelhandels nach Betriebs- und Vertriebsformen im Bundesgebiet von 1960 – 1973[1]

Jahr	SB-Warenhäuser und SB-Center (über 1000 qm) abs.	in %	Waren- und Versandhäuser abs.	in %	Supermärkte abs.	in %	übrige SB-Läden abs.	in %	SB-Läden gesamt abs.	in %	Bedienungsläden abs.	in %	Lebensmittelläden abs.	in %
	1		2		3		4		5		6		7	
1960	–	–	–	–	250	0,2	22369	13,8	22619	14,0	138700	86,0	161359	100
1965	61	0,1	–	–	1300	0,8	61353	39,8	62714	39,8	91224	59,3	153999	100
1966	90	0,1	–	–	1500	1,0	70651	47,5	72241	48,6	76342	51,4	148673	100
1967	278	0,2	–	–	1700	1,1	78236	52,7	80214	54,0	68302	46,0	148516	100
1968	448	0,3	–	–	1852	1,4	83357	60,5	85357	62,2	51921	37,8	137278	100
1969	528	0,4	–	–	2045	1,6	83029	65,5	85602	67,5	41149	32,5	126751	100
1970	721	0,6	440	0,4	2009	1,7	83228	70,8	86398	73,5	31112	26,5	117510	100
1971	798	0,7	452	0,4	2396	2,2	79304	71,1	82950	74,4	28550	25,6	111500	100
1972	825	0,8	534	0,5	2755	2,6	75609	71,9	79723	75,8	25482	24,2	105205	100
1973	974	0,9	564	0,6	3510	3,5	73703	74,0	78751	79,0	20899	21,0	99650	100

1) Zahl der Lebensmittelläden bzw. der Lebensmittelabteilungen

Quelle: SB in Zahlen, hrsg. vom Institut für Selbstbedienung, Ausgabe 1973/74, S. 6 f.

8.4 Einzelerhebungen

Der Umsatz im Lebensmitteleinzelhandel nach Betriebs- und Vertriebsformen im Bundesgebiet von 1960 - 1973[1])

Jahr	SB-Warenhäuser und SB-Center (über 1ooo qm)		Waren- und Versandhäuser		Supermärkte		übrige SB-Läden		SB-Läden gesamt		Bedienungsläden		Lebensmittelläden	
	abs. in Mrd. DM	%-Anteil	abs. in Mrd.DM	%-Anteil	abs. in Mrd. DM	%-Anteil	abs. in Mrd. DM	%-Anteil	abs. in Mrd.DM	%-Anteil	abs. in Mrd.DM	%-Anteil	abs. in Mrd.DM	%-Anteil
	1		2		3		4		5		6		7	
1960	-	-	-	-	0,8	2,7	9,2	32,1	10,0	34,8	18,7	65,2	28,7	1oo
1965	0,04	0,1	-	-	6,1	15,o	20,2	50,o	26,3	65,1	14,1	34,9	40,4	1oo
1966	0,17	0,4	-	-	7,4	17,o	24,o	55,1	31,6	72,5	12,o	27,5	43,6	1oo
1967	1,5	3,3	-	-	7,7	17,2	25,3	56,3	34,5	76,8	1o,4	23,2	44,9	1oo
1968	2,9	6,2	-	-	1o,o	21,3	25,3	53,8	38,2	81,3	8,6	18,7	47,o	1oo
1969	3,7	7,5	-	-	11,9	24,o	27,6	55,6	43,2	87,1	6,4	12,9	49,6	1oo
1970	5,1	9,5	3,4	6,3	11,o	20,5	28,o	52,1	47,5	88,4	6,2	11,6	53,7	1oo
1971	5,7	9,7	3,8	6,4	12,5	21,3	3o,8	52,5	52,8	89,9	5,9	1o,1	58,7	1oo
1972	8,9	14,o	4,2	6,6	13,6	21,5	32,o	50,5	58,7	92,6	4,7	7,4	63,4	1oo
1973	1o,5	15,o	4,7	6,7	15,1	21,6	35,5	50,8	65,8	94,1	4,1	5,9	69,9	1oo

1) Umsatz der Lebensmittelläden bzw. Lebensmittelabteilungen

Quelle: SB in Zahlen, hrsg. vom Institut für Selbstbedienung, Ausgabe 1973/74, S. 8 f.

8. Dokumentation

Entwicklung des Umsatzes der Selbstbedienungsläden mit Lebensmitteln im Bundesgebiet von 1960 - 1973

Jahr	SB-Umsatz in Mrd. DM	Index (1960 = 100)
1960	10,0	100
1965	26,3	263
1966	31,6	316
1967	34,5	345
1968	38,2	382
1969	43,2	432
1967	47,5	475
1971	52,8	528
1972	58,7	587
1973	65,8	658

Höhe der direkt zurechenbaren Kosten der Diebstahlsbekämpfung bei einer Warenhausgesellschaft 1973/1974

Kosten	in Mill. DM 1974	1973
Personalkosten		
- Hausdetektive	1,9	1,4
- Fremddetektive	0,9	0,2
- Diebstahlsprämien	0,7	0,5
- eingegangener Schadenersatz ./.	0,2	-
- Schulungen	0,2	0,3
Sachkosten		
- TV-Anlagen/Spiegelsysteme		
- Miete	0,4	0,3
- Kauf	0,1	0,3
Gesamt	4,0	3,0

Quelle: Statistik der Karstadt AG

8.5 Muster einer Sachgebietsanweisung über Schadensersatz von Ladendieben

An die Geschäftsleitungen aller Verkaufshäuser

Betr.: Schadensersatz von Ladendieben

Sehr geehrte Herren!

Heute wird bereits bei einer Reihe von Lebensmittel-Filialbetrieben und größeren Einzelhandelsgeschäften Schadensersatz von Ladendieben gefordert. Im Kreise der vergleichbaren Großbetriebe des Einzelhandels werden Überlegungen angestellt, ähnlich zu verfahren. Auch wir wollen künftig Schadensersatz von Ladendieben fordern. Ziel ist, den Ladendieb mit einem möglichst angemessenen DM-Betrag zu belasten, um unsere durch den Diebstahl verursachten Kosten soweit wie möglich abzudecken. Es ist kein pauschaler, sondern ein abgestufter Schadensersatz für Bearbeitungskosten und/oder für Diebstahlsprämien zu fordern, weil
- Schadensersatz für Bearbeitungskosten maximal nur DM 30,-- erreicht,
- Schadensersatz für DM 50.-- Diebstahlsprämie in weniger als 50% der Fälle gefordert werden kann.

Der Revisionsabteilung ist bis zum 31.3.1974 mitzuteilen, ab
wann der Schadensersatz gefordert werden wird.

In Anwendung der Betriebsordnung, Ziffer 17, wollen wir ab
sofort von den Betriebsangehörigen, denen Eigentumsdelikte
nachgewiesen werden konnten, gleichfalls Schadensersatz fordern. Die Rechtsabteilung wird die örtlichen Hausanwälte
eingehend informieren, wie im Einzelfall nicht bezahlte Schadensersatzforderungen einzutreiben sind.
Als Anlage erhalten Sie die "Sachgebietsanweisung über Schadensersatz von Ladendieben", die die organisatorische Abwicklung regelt.
Den Inhalt dieses Rundschreibens bitten wir, unverzüglich mit
Ihrem Betriebsrat - soweit es Auswirkungen auf die Mitarbeiter
hat - zu besprechen.
Die Erstausstattung mit den notwendigen Vordrucken wird Ihnen
vom Materialeinkauf zugestellt.

                                  Mit freundlichen Grüßen

8.5 Muster einer Sachgebietsanweisung

Sachgebietsanweisung
über
<u>Schadensersatz von Ladendieben</u>

<u>Inhaltsverzeichnis</u>   Seite

A. Schadensersatz bei Diebstahl durch Kunden   1

   1. Grundsatz der Schadensersatzforderung   1
   2. Höhe des Schadensersatzes   1
   3. Abwicklung im Besprechungsraum   2

      a) Verhalten gegenüber dem Täter   2
      b) Abrechnung   3

   4. Arbeiten der Buchhaltung   3
   5. Information an Kunden/Presse   4

B. Schadensersatz bei Eigentumsdelikten durch Mitarbeiter   4

A. <u>Schadensersatz bei Diebstahl durch Kunden</u>

   1. <u>Grundsatz der Schadensersatzforderung</u>

Von überführten Ladendieben <u>ab 18 Jahren</u> ist in jedem Fall Schadensersatz zu fordern.
Dagegen ist bei Jugendlichen von 16 bis 18 Jahren zu unterscheiden nach:
- Jugendlichen ohne eigenes Einkommen (Schüler)
  Hier sind die Eltern schriftlich aufzufordern, die
  Wird keine Zahlung geleistet, ist der Fall nicht
  weiter zu verfolgen.
  Bezahlung des entstandenen Schadens zu veranlassen.
- Jugendlichen mit eigenem Einkommen (Berufstätige)
  Hier ist der Schadensersatz gegen den Mindenjährigen/
  vertreten durch seine Eltern geltend zu machen.
Von Jugendlichen unter 16 Jahren ist kein Schadensersatz zu fordern.

2. Höhe des Schadensersatzes

Die Schadensersatzforderungen gegenüber Ladendieben sind gestaffelt:
I = DM 20.-- Mindestsatz
II = DM 30.--
III = DM 50.-- Höchstsatz.

Basisgrößen für die Berechnung sind
- falltypische Bearbeitungskosten (Einzelaufgliederung Anlage 1)
- an Mitarbeiter ausgezahlte Diebstahlsprämien.

Für die Errechnung des Schadensersatzes pro Fall sind anzusetzen:

I = DM 20.-- für Bearbeitungskosten, wenn die Überführung von Mitarbeitern durchgeführt wird, die keine Prämie erhalten,

II = DM 30.-- für Bearbeitungskosten (siehe I), wenn zusätzlich die Polizei hinzugezogen und keine Prämie gezahlt wird,
für Bearbeitungskosten (siehe I) und Diebstahlsprämie, wenn die Überführung von einem Hausdetektiv durchgeführt und diesem DM 10.-- Prämie gezahlt werden,

III = DM 50.-- für Diebstahlsprämie ohne Anführung von Bearbeitungskosten, wenn an Mitarbeiter DM 50.-- Prämie gezahlt werden.

Hiervon abweichende Schadensersatzbeträge sind nicht zu fordern, wie z.B.:
An Bearbeitungskosten sind durch Hinzuziehen der Polizei DM 30.-- entstanden. Der den Täter überführende Hausdetektiv erhält DM 10.-- Prämie ("Kann"-Bestimmung lt. RS 13/72).

Bearbeitungskosten	DM 30.--
Diebstahlsprämie	DM 10.--
entstandener Schaden	DM 40.--

Da die Schadensersatzstufe III = DM 50.-- nicht erreicht wird, ist die nächst darunterliegende Stufe II = DM 30.-- als Schadensersatz zu fordern.

8.5 Muster einer Sachgebietsanweisung

3. Abwicklung im Besprechungsraum

   a) Verhalten gegenüber dem Täter

   Erst nach Fertigstellung des Diebstahlsprotokolls und in der Regel nach Unterschrift auf dem Diebstahlsprotokoll ist dem Täter das Schuldanerkenntnis (VD 22514, Anlage 2) zur Unterschrift vorzulegen.
   Die durch seinen Diebstahl entstandene Schadenshöhe ist dem Täter kurz zu erläutern.
   Unterschrift und Bezahlung sind ohne Nötigung oder Drohung zu fordern.
   Aussagen folgender Art sind nicht erlaubt:
   "Entweder Sie bezahlen oder wir übergeben den Fall der Polizei" bzw. "Wenn Sie zahlen, erstatten wir keine Anzeige". Diese Vorgehensweise gilt als Nötigung und wird strafrechtlich verfolgt. Erlaubt sind: Ankündigung der Strafanzeige und der Klage auf Schadensersatz.

   b) Abrechnung

   Der für die Diebstahlsabwicklung zuständige Mitarbeiter erhält DM 80.-- Wechselgeld und einen Filialstempel.

   Mitarbeiter
   - schreibt Schuldanerkenntnis/Quittung mit Schreibmaschine vordruckgerecht aus
   - kassiert bei Barzahlung
   - stempelt Schuldanerkenntnis und Quittung
   - übergibt dem Täter
     bei Unterschrift und Barzahlung Original des Schuldanerkenntnisses und der Quittung
     bei Unterschrift und Nichtzahlung Kopie des Schuldanerkenntnisses. Original des Schuldanerkenntnisses und Quittung (Original und Kopie) werden einbehalten.
     bei Verweigerung der Unterschrift keinen Beleg

   nach Geschäftsschluß
   - erstellt Kassenbericht mit Kopfzeile "Schadensersatz"
   - übergibt vereinnahmte Gelder, Kassenbericht und Belege an Hauptkasse

4. Arbeiten der Buchhaltung

Mitarbeiter/Buchhaltung
- erhält von der Hauptkasse Kassenbericht und Belege über Schadensersatz
- führt Nummernkontrolle über Schuldanerkenntnisse
- bucht kassierte Schadensersatzbeträge auf Kto 822 "Verschiedene Erträge" (diese Beträge sind in der Spalte 8 der Umsatzsteuermeldung nicht steuerbar zu erfassen)
- meldet nicht fristgerecht bezahlte Schuldanerkenntnisse (ob unterschrieben oder nicht) örtlichem Hausanwalt mit "Kurzmitteilung w/Schadensersatz (VD 22515, Anlage 3)
- überwacht die Erledigung anhand der Kopien "Kurzmitteilung w/Schadensersatz"

5. Information an Kunden/Presse

Die Kunden sind durch Aushänge in den Verkaufsräumen darauf hinzuweisen, daß von jedem überführten Ladendieb Schadensersatz gefordert wird. Die entsprechenden Schilder (Anlage 4) erhalten die Filialen ohne Anforderung von der HWA in ca. 8 Wochen.
Alle z.Z. in den Filialen noch aushängenden Diebstahlsplakate bzw. -schilder sind nach Eintreffen der neuen Schilder zu entfernen. Als günstige Standorte sind Stellen mit hoher Kundenfrequenz auszuwählen.
Bei Presserückfragen ist das "Informationsblatt Schadensersatz von Ladendieben" zu verwenden (Anlage 5).

B. Schadensersatz bei Eigentumsdelikten durch Mitarbeiter

Von jedem Mitarbeiter, dem Eigentumsdelikte nachgewiesen wurden (ausgenommen der Personenkreis der 14-16jährigen), sind einheitlich DM 50.-- Schadensersatz zu fordern. Der Schadensersatz ist mit Bearbeitungskosten für das Überführen und Anhören des Tatverdächtigen zu begründen.
Als Begründung dienen
- die tatsächliche Bearbeitungszeit (Mindestzeit 1 Stunde)
- die Gehalts-Stundensätze zuzüglich 20% Gemeinkosten der an der Anhörung beteiligten Personen (PL und/oder OL - zuständiger AL - Betriebsrat - Zeuge/n - Täter)
- DM 1.-- für Nebenkosten (Telefon, Vordruck u.ä.).

8.5 Muster einer Sachgebietsanweisung

Der Schadensersatz ist mit dem Restgehalt über Vorschußkonto abzurechnen. Kann über das Restgehalt nicht abgerechnet werden, ist der Schadensersatz auf der "Austrittsbescheinigung und Ausgleichsquittung" (VD 00201), Ziffer 2, einzutragen und unterschreiben zu lassen.
In diesen Fällen ist nicht der örtliche Hausanwalt, sondern die Rechtsabteilung einzuschalten.
Der Vordruck "Schuldanerkenntnis" ist nicht zu verwenden.
Die Mitteilung über den Schadensersatz von Mitarbeitern ist am "Schwarzen Brett" auszuhängen (Anlage 6).

Falltypisches Beispiel für
<u>Aufgliederung der Bearbeitungskosten</u>
(erforderlich für den Beweis vor Gericht)

Tätigkeit	Zeitaufwand		
Täter ansprechen und in den Besprechungsraum führen	10 Min.		
Beschuldigung bekanntgeben Ware zurückfordern (2 Pers.)	20 Min.		
Diebstahlsprotokoll ausfüllen (2 Pers.) - Vorderseite - Rückseite (Zeugenaussage)	20 Min. 15 Min.		
Anhang zum Diebstahlsprotokoll ausfüllen	5 Min.		
Rückgabe der Ware an Verkaufsabteilung	10 Min.		
Weiterleitung/Ablage des Diebstahlsprotokolls/des Anhangs zum Diebstahlsprotokoll	10 Min.		
	90 Min.		
	= 1,5 Std. x DM 13.--		= DM 19.50
Nebenkosten (wie Telefon, Vordrucke u.ä.)			DM 1.--
		Summe	DM 20.50
		Stufe I =	DM 20.--
Hinzuziehen der Polizei Bewachung des Täters (2 Pers.)	40 Min.		
	130 Min.	Summe	DM 29.50
		Stufe II =	DM 30.--

Begründung:
Als Basiswert für die Berechnung der Bearbeitungskosten gilt der Stundensatz eines Hausdetektivs von Ø DM 13.-- incl. 20% Gemeinkostenzuschlag. Dieser Basiswert ist auch dann anzusetzen, wenn die Filiale über keinen Hausdetektiv verfügt. In der Regel wird die Überführung des Täters bis zur Protokollierung und Entlassung bzw. Übergabe an die Polizei von 2 Personen durchgeführt, die ein unterschiedlich hohes Gehalt beziehen, das im Durchschnitt einen Stundensatz von ca. DM 13.-- ergibt.

8.5 Muster einer Sachgebietsanweisung

Im Interesse unserer ehrlichen Kunden:

■ **zeigen wir jeden Ladendieb an**

■ **fordern wir von jedem Ladendieb Schadensersatz in Höhe der Kosten, die durch ihn verursacht wurden**

■ **erteilen wir jedem Ladendieb Hausverbot.**

– Schwarze Lettern auf gelbem Grund –

8. Dokumentation

Informationsblatt für die Lokalpresse
Schadensersatz von Ladendieben

1. Entwicklung des Ladendiebstahls/der Inventurdifferenzen

   - Allgemein
   Lt. Feststellungen des Bundeskriminalamtes hat kein Vergehen und kein Verbrechen einen derartig sprunghaften Anstieg zu verzeichnen wie die Ladendiebstahls-Kriminalität (von 1963 auf 1971 um über 300%).
   Die Inventurdifferenzen des Einzelhandels haben inzwischen eine Höhe von DM 2.0 Milliarden erreicht. Der geschätzte Diebstahlsanteil an dieser ID wird mit DM 1.0 Milliarde angegeben.

	Inventurdifferenzen	aufgedeckte Diebstähle
1973	rd. 70 Mio.	rd. 25.000

2. Zielsetzung unserer Abwehrmaßnahmen

   Zielsetzung unserer Maßnahmen gegen Ladendiebstahl sind Verhinderung und Abschreckung. Unsere Anstrengungen richten sich darauf, dem potentiellen Dieb den unberechtigten Zugriff zu unseren Waren zu erschweren und das Risiko der Entdeckung deutlich vor Augen zu führen.

3. Bisher eingeleitete Maßnahmen

   Im Sinne dieser Zielsetzung haben wir folgende Maßnahmen in den Filialen eingeleitet:
   - Einsatz von Hausdetektiven
   - Einsatz von technischen Sicherungs- und Überwachungsanlagen
   - Diebstahlsverhütende Neu- und Ummöblierung einzelner Verkaufsbereiche
   - Gut erkennbare Kassenplacierung
   - Schulung der Mitarbeiter über Diebstahlspraktiken und Gegenmaßnahmen.

   Gleichzeitig weisen wir mit Plakaten darauf hin, daß wir jeden Ladendieb anzeigen und ihm Hausverbot erteilen.

8.5 Muster einer Sachgebietsanweisung

4. Begründung für Schadensersatz

Jede Überführung eines Ladendiebs verursacht erhebliche Kosten. Im Interesse unserer ehrlichen Kunden finden wir es recht und billig, vom Verursacher Schadensersatz zu fordern. Wir vermeiden damit, daß durch eine Weiterbelastung dieser Kosten auf die Allgemeinheit der Ladendieb auch noch die ehrlichen Kunden schädigt.

An alle Mitarbeiter

Nach Ziffer 17 unserer Betriebsordnung hat jeder Betriebsangehörige für jeden durch sein Verschulden der Firma vorsätzlich bzw. grob fahrlässig zugefügten Schaden aufzukommen. Ab sofort werden wir von jedem Mitarbeiter, dem Eigentumsdelikte nachgewiesen wurden, DM 50.-- Schadensersatz fordern. Der Schadensersatz resultiert aus den Bearbeitungskosten für das Überführen des Täters und Anhören des/der Zeugen.

Betriebsrat   Personalleiter

8.6 Merkblatt zur Verhinderung und Aufdeckung von Ladendiebstählen
(Auszug: Merkblatt Ladendiebstähle, Schriftenreihe der BAG o. J.)

2. BETRIEBLICHE VORBEUGEMASSNAHMEN GEGEN LADENDIEBSTÄHLE

Zwar muß der Staat alle Möglichkeiten ausschöpfen, um die Ladendiebstähle einzudämmen. Dazu gehört auch die konsequente Anwendung der „Richtlinien für das Strafverfahren" vom 1. 12. 1970, die in Nr. 83 eine Einstellung wegen Geringfügigkeit erschweren, wenn es sich um Delikte handelt, die, wie der Ladendiebstahl, besonders häufig vorkommen. Dies um so mehr, als der Ladendiebstahl in der immens hohen Summe seiner Fälle auch die Allgemeinheit in großem Ausmaß schädigt. Der Einzelhandel kann aber nur dann die Hilfe des Staates erwarten, wenn er, wie von Vertretern der zuständigen Behörden immer wieder betont wird, selbst alles unternimmt, um Ladendiebstählen vorzubeugen und einen gefaßten Täter seiner Strafe zuzuführen. Das Diebstahlsproblem muß im ganzen Betrieb bewußt gemacht werden.

Die notwendigen Vorbeugemaßnahmen müssen sich an den heutigen Diebstahls- und Unterschlagungsmethoden orientieren. In die folgende Zusammenstellung (2.1 bis 2.7) haben wir alle uns bisher bekanntgewordenen Vorschläge aufgenommen, die auch mögliche Personaldiebstähle umfassen (für jeden ergänzenden Hinweis ist Ihre BAG dankbar!):

2.1 Einrichtung und Warenpräsentation

2.1.1 Räume übersichtlich gliedern, keine Pfeiler!
Sind Pfeiler erforderlich, verspiegeln!
Spiegelreflektoren besonders in Abteilungen mit kleinen Artikeln und überschaubaren Regalen anbringen!

2.1.2 Die Höhe der Gondeln so halten, daß ohne Schwierigkeiten erkennbar bleibt, ob sich zwischen den Gondeln Kunden aufhalten!

2.1.3 Diebstahlsgefährdete Artikel für Personal gut sichtbar auslegen!

8.6 Merkblatt zur Verhinderung und Aufdeckung

2.1.4 Besonders diebstahlgefährdete Artikel, wie z. B. Kosmetika, Uhren, Transistorgeräte, Photoartikel usw., durch Hochverglasung schützen! Nur noch einbruchsichere Schmuckvitrinen verwenden!

2.1.5 Bei größeren Verkaufsräumen ein erhöhtes Filial- oder Abteilungsleiterbüro einrichten, von dem aus der ganze Raum übersehen werden kann!

2.1.6 In den Wänden einseitig durchsichtige Spiegel anbringen, hinter denen ein Beobachter sitzt! Fernsehkameras installieren, besonders in SB-Abteilungen, durch die alle Verkaufsräume beobachtet werden können! (Da Fernsehkameras relativ teuer sind, empfiehlt es sich, einige Attrappen einzubauen oder nur zeitweise die Kamera einzuschalten bzw. den Beobachter einzusetzen.) Eventuell auch Alarmanlagen anbringen. Wegen des psychologischen Effekts auf die Maßnahmen hinweisen! Zur Diebstahlsbekämpfung mit Hilfe von Fernsehkameras siehe „Fortschritt im Betrieb", Ausgabe Juni 1971!

2.1.7 Gut sichtbare Warnschilder anbringen mit dem Hinweis, daß jeder gefaßte Ladendieb angezeigt wird! (Neutral halten, um nicht Kunden abzuschrecken!) Kunden vor Taschendieben warnen!

2.1.8 Deutliche Kennzeichnung der Kassen zur besseren Orientierung der Kunden für den Bezahlvorgang!

Podium für Kassiererin verbessert Übersicht.

2.2 Personal

2.2.1 Ständige Schulung des Personals, u. a. durch programmierte Instruktionen über Inventurdifferenzen, durch Filme über Diebstahlsmethoden, evtl. durch Vorträge eines Kriminalbeamten! (Insbesondere muß das Aufsichtspersonal die Tricks der Ladendiebe kennen, weil die Verkäufer/innen grundsätzlich mit dem Bedienen der Kunden beschäftigt sind. Unterweisung der Schulungsleiter durch Spezialisten!)

2.2.2 Jedem Verkäufer einen abgegrenzten Beobachtungsbereich zuteilen! Beobachtungstätigkeit kontrollieren!

2.2.3 Besonders beobachten: Stille Winkel, die als unbeobachtet gelten; Waren, die hinter Aufbauten liegen oder durch abgestelltes Verpackungsmaterial verdeckt sind; Waren, die dicht am Ausgang offen liegen oder außerhalb des Ladens ausgestellt sind. Versteckmöglichkeiten beachten!

2.2.4 Umkleidekabinen überwachen! (Optisch oder z. B. dadurch, daß die Verkäuferin jedem Kunden in die Kabine eine Plastikmarke mitgibt; die darin eingestanzte Zahl entspricht der Anzahl der mitgegebenen Kleidungsstücke; nach der Anprobe gibt der Kunde die Marke mit den Kleidungsstücken wieder zurück.)

2.2.5 Für schnelle Kassenabfertigung sorgen, weil Warten die Diebstahlsgefahr erhöht! Die Kasse muß auch bei kurzer Abwesenheit der Kassiererin geschlossen werden!

2.2.6 Verpackung der bezahlten Ware durch das Personal, wobei Kontrolle der Taschen möglich sein kann! Die Ware nur verpackt mitgeben! An sperrigen, unverpackten Waren Kontrollstreifen anbringen! Liegengebliebene Bons sofort zerreißen!

2.2.7 Beobachtung der Kunden nach Verlassen des Ladens, sofern Diebstahlsverdacht besteht!

2.2.8 Überwachungsdienst (evtl. nur zeitweise) durch eigenes Personal, ein Detektivbüro oder nebenberufliche Überwachungspersonen (auch pensionierte Kriminalbeamte und Vertrauenskunden) einführen! (Wegen der Kosten wird dies jedoch nur für größere Verkaufsräume in Frage kommen.) Eventuell mit anderen Unternehmen am Ort oder in benachbarten Gemeinden gemeinsam Vertrauenskunden engagieren!

Hausdetektive unregelmäßig über Lautsprecher ausrufen, damit Publikum an ihre Existenz erinnert wird! (Auch wenn keine vorhanden sind.)

2.2.9 Alle Kontrollen unregelmäßig an verschiedenen Orten durchführen und verstärken! Betriebsaufsicht vor Ladenöffnung und bei bzw. nach Geschäftsschluß intensivieren und systematisieren!

8.6 Merkblatt zur Verhinderung und Aufdeckung

2.2.10 Personalkauf organisieren und Einhaltung der Richtlinien überwachen!

2.2.11 Die laufende Kontrolle des eigenen Personals durch Betriebsordnung bzw. im Arbeitsvertrag regeln! Es kann z. B. festgelegt werden, daß

> im Betrieb und an den Ausgängen Kontrollen (Behältnisse, Taschen) durchgeführt werden können;
>
> kein Geld in den Verkaufsraum mitgenommen werden darf;
>
> Visitationen zulässig sind.

Entsprechende Vereinbarungen können auch im einzelnen Arbeitsvertrag getroffen werden. Andernfalls bestehen nur die Rechte nach 3.2.1 und 3.2.2.

2.2.12 Theken, Regale und Schubfächer u. a. nach zurückgelegter Ware ohne Beleg kontrollieren!

2.2.13 Kassen unregelmäßig kontrollieren! (Der Bestand muß mit dem registrierten Betrag übereinstimmen!)

2.2.14 Jede Kassiererin muß abends ein Einnahmeblatt ausfüllen, das von einer Kollegin gegengezeichnet wird!

2.2.15 Dem Personal unbekannte Vertrauenskunden/Kontrollkäufer Testkäufe machen lassen, auch für mehrere Betriebe!

2.2.16 Reinigungspersonal überwachen!

2.3 Präparierung der Ware

2.3.1 Storematic-, Sensormatic-, Wafer-System:
Kleine Schilder, die an den Ausgängen registrierte elektrische Impulse aussenden, werden bei hochwertigen Waren an unauffälliger Stelle angebracht.

2.3.2 Hochwertige Waren mit Nylonfäden, Ketten oder Kabel festbinden und/oder mit Alarmanlagen (Knopfanlagen) versehen!

2.3.3 Kennzeichnung der Ware z. B. mit Fäden, die am Packtisch entfernt werden!

2.3.4 Verhinderung des Auswechselns der Preisetiketten durch Aufkleben weiterer Etiketten an versteckter Stelle oder durch Etiketten, die beim Abnehmen zerreißen! Für hängende Ware an die Verwendung von Schuß-Etiketten denken, deren Plastikaufhängung bei Entfernung der Etiketten zerschnitten werden muß!

2.3.5 Kleine Artikel auf Karten aufziehen und mit Folie umschließen („bliestern"). Tabakwaren an der Ausgangskasse in transparent verschließbaren Behältnissen aufbewahren!

2.3.6 Bei kleineren, teuren Artikeln (z. B. Schallplatten, Tonbändern und -kassetten) Leerpackungen präsentieren, die beim Bezahlen in Waren umgetauscht werden!

2.4 **Wareneingang auf Stückzahl und Identität der bestellten Waren laufend überprüfen!**
Den alten Grundsatz beachten: Zählen, messen, wiegen!

2.5 **Lieferpersonal und Arbeitnehmer fremder Unternehmen (z. B. Handwerker) in die Kontrolle einbeziehen!**
Der Einzelhändler kann den anderen Unternehmer vertraglich binden, sein Personal zu verpflichten, eine Erklärung zu unterschreiben, wonach sich dieses Personal verpflichtet, sich im Betrieb des Einzelhändlers den gleichen Kontrollen zu unterwerfen wie dessen Personal.

2.6 **Expeditionssystem laufend überprüfen!**

2.7 **Entdeckung des Ladendiebstahls**

2.7.1 **Der Diebstahlsverdacht**
Der erfahrene Mitarbeiter wird die Diebstahlsabsicht am Verhalten des „Kunden" unschwer erkennen. Aber auch der noch unerfahrene Mitarbeiter kann die Fähigkeit, den ehrlichen von unehrlichen Kunden zu unterscheiden, erlernen: Er muß sich

8.6 Merkblatt zur Verhinderung und Aufdeckung

darin üben, gut zu beobachten. Dann wird er das „normale" Kundenverhalten vom „ungewöhnlichen" leicht unterscheiden können.

Der „potentielle Ladendieb", d. h. ein Besucher des Geschäftshauses, der möglicherweise einen Ladendiebstahl begehen wird, verhält sich im allgemeinen anders als der „normale" Kunde, der sich frei und ungezwungen bewegt. Der „potentielle Ladendieb" benimmt sich meist auffälliger, er wirkt unnatürlich und gehemmt. Er beobachtet seine Umgebung — Personal, Kunden, Sachen — genauer, dabei wirkt er unruhiger als der „normale" Kunde. Man erkennt das vor allem daran, daß er sich „unauffällig", aber viel öfter umsieht, und auch versuchen wird, sich so zu stellen, daß er möglichst nicht beobachtet werden kann. Der routinierte Dieb verhält sich natürlich unauffälliger. Aber auch er unterscheidet sich in Mimik und Gestik vom ehrlichen Kunden; etwa dadurch, daß wenigstens die Augen unruhig hin- und hergehen.

Als Diebesbande gerät eine Personengruppe in Verdacht, die beieinander oder in Sichtverbindung bleibt, unter häufigem Umherblicken leise spricht und/oder sich Zeichen gibt. Selbstverständlich ist nicht jede aus zwei oder mehreren Personen bestehende Gruppe eine Diebesbande, auch dann nicht, wenn sie sich an einer bestimmten Stelle aufhält, leise spricht und womöglich auch Zeichen gibt. Es kommt dann entscheidend auf die Beobachtung des weiteren Verhaltens der Gruppe an. Bei Kindern, Jugendlichen und Heranwachsenden wird das Verhalten je nach dem Grad der Unruhe und Auffälligkeit eher zu qualifizieren sein als bei Erwachsenen.

2.7.2 Der Ablauf des Diebstahls

Der Ladendiebstahl läuft im allgemeinen so ab: Entschluß, Wegnahme, Sicherung der entwendeten Ware. Dabei gilt die Erfahrungsregel: Je näher die Besitzerlangung rückt, desto größer wird die innere Spannung des Täters. An der bekannten „schnellen Bewegung", die von besonders aufmerksamem Umherblicken begleitet ist, und am Versuch, sich unauffällig, aber eilig zu entfernen, sieht man dann, daß in der Regel etwas eingesteckt worden ist, auch wenn der Täter etwas verdeckt gestanden haben sollte.

Bei einer Diebesbande muß man darauf achten, daß oft wenigstens ein Beteiligter einen Verkäufer ins Gespräch verwickelt, um von der Tat des Mitbeteiligten abzulenken.

2.7.3 Eine der **wichtigsten Abwehrregeln** lautet daher: Verdächtige Personen gut beobachten und nicht sich selbst überlassen, höflich ansprechen und nach ihren Wünschen fragen! Daran denken, daß Gleichgültigkeit des Personals nicht nur zum Diebstahl verleitet, sondern auch ehrliche Kunden verstimmt!

2.7.4 **Das richtige Verhalten des Mitarbeiters gegenüber dem Verdächtigen bzw. dem erkannten Ladendieb** ergibt sich zunächst aus den betrieblichen Anweisungen. Im übrigen sollten folgende Grundsätze beachtet werden:

1. Meldung des Verdächtigen an die zuständige Person/Stelle im Betrieb. Den Verdächtigen weiter beobachten!

2. Hinzuziehung eines Zeugen (möglichst Mitarbeiter), bevor der Täter angesprochen wird. Auf bloßen Verdacht hin keinen Kunden ansprechen!

3. Den Täter höflich ansprechen und bitten, ins Büro mitzukommen. Beim Weg ins Büro (einen Mitarbeiter als Begleitperson mitnehmen!) darauf achten, ob der Täter die Ware wieder loswerden will, was aus Beweisgründen vereitelt werden muß. Dem Täter erst im Büro mitteilen, daß er bei der Tat/beim Versuch einer Tat beobachtet worden ist. Hat sich der Mitarbeiter geirrt (der Kunde weist seine Zahlung nach), muß man sich entschuldigen. Nimmt der Kunde die Entschuldigung nicht an, muß sofort ein Vorgesetzter hinzugezogen werden.

Vom weiteren Verhalten des Gefaßten hängt auch das weitere Vorgehen des Geschädigten ab:

a) Gibt der Täter die Ware freiwillig zurück, läßt er seine Personalien feststellen und das Diebstahlsformular ausfüllen, ist ihm anschließend unverzüglich zu erklären, daß er gehen könne. Strafanzeige und Strafantrag unverzüglich der Polizei zuleiten.

8.6 Merkblatt zur Verhinderung und Aufdeckung

b) In allen anderen Fällen, also dann, wenn die Angabe der Personalien und/oder die Herausgabe der Ware verweigert wird, sollte sofort die Polizei verständigt werden. Gibt der Täter die Personalien an, verweigert er aber die Herausgabe der gestohlenen Ware und kommt die Polizei nicht in angemessener Zeit, kann dem Täter die Ware abgenommen werden, anschließend ist er freizulassen (vgl. unten 3.2). Gibt der Kunde die Ware heraus oder nicht heraus und verweigert er die Angabe der Personalien, kann er bis zum Eintreffen der Polizei vorläufig festgenommen werden (vgl. unten 3.2). Bis zum Eintreffen der Polizei nicht in Diskussionen mit dem Täter einlassen! Gewaltsame Auseinandersetzungen möglichst vermeiden!

8.7 Checkliste zur Verminderung von Inventurdifferenzen (Selbstbedienung und Supermarkt 7/75, Zeitschrift des ISB)

Checkliste zur Verminderung von Inventurdifferenzen

ISB Steigende Inventurdifferenzen sind nach wie vor ein Problem in allen Einzelhandelsbetrieben. Viele Differenzen lassen sich durch eine genaue Kontrolle beim Wareneingang, in der Preisauszeichnung, bei den Abschriften etc. vermeiden.

Um alle Punkte genau zu erfassen, bedarf es einer Checkliste, die möglichst wöchentlich (und noch öfters) vom Verantwortlichen im Laden „abgehakt" wird.

Das Institut für Selbstbedienung legt mit der nachfolgenden Checkliste eine in der Praxis eines Filialbetriebes bewährte Unterlage vor. Wichtig ist die genaue Prüfung jedes einzelnen Punktes, wobei selbstverständlich je nach Struktur und Sortiment des einzelnen Unternehmens Änderungen gegenüber der Auflistung vorgenommen werden können.

Es empfiehlt sich, die Checkliste vom Verantwortlichen im Laden ausfüllen und unterschreiben zu lassen. Sie sollte als Unterlage der innerbetrieblichen Revision zur Verfügung stehen.

I. Warenannahme

	ja	nein
1. Haben Sie alle Ware persönlich auf Menge und Sorte geprüft, die belastet wurde?		
2. Wenn nicht Sie selbst: Hat der von Ihnen mit der Warenannahme Betraute diese Kontrollen durchgeführt?		
3. Wer führt sonst Ihre Warenannahme durch? Wurde diese Person auch richtig instruiert? Ist sie vertrauenswürdig? Wenn nein, haben Sie sich davon überzeugt, daß alle Waren gründlich kontrolliert wurden oder ist nur für Sie unterzeichnet worden?		
4. Haben Sie eine Waage benutzt, um alle Gewichte zu prüfen?		
5. Wurde speziell die Brotlieferung kontrolliert?		
6. Wird die Wareneingangsrechnung sofort nach Erhalt der Ware dem Lieferanten entzogen?		
7. Sind alle Gutschriften für Leergut etc. erteilt worden?		
8. Sind korrekte Lieferscheine oder rote Rechnungen für Rücksendungen zum Lager oder zum Lieferanten erstellt worden?		
9. Sind Waren, die von Lieferfahrern mitgenommen werden, auch geprüft und sind alle notwendigen Unterlagen für Überweisungen an andere Filialen erstellt worden?		
10. Sind Fahrer betont freundlich zu Ihren Mitarbeitern oder zu Ihnen?		
11. Sind Fahrer jemals allein im Lagerraum?		
12. Werden alle Rechnungen und Lieferscheine nach dem Unterschreiben sofort ins Büro gebracht?		
13. Sind Rechnungen richtig ausgerechnet worden? Stimmen die EK-Preise und VK-Preise? Haben Sie diese mit den Kalkulationsblättern für Direktlieferanten verglichen?		
14. Sind alle Stempel unter Verschluß?		
15. Haben Sie beobachtet, daß Vertreter oder Fahrer besonders vertraulich mit einigen Abteilungsleitern sind?		
16. Ist die hintere Tür Ihres Lagers immer verschlossen?		

II. Preisauszeichnung

	ja	nein
1. Zeigt die Preisliste immer den letzten Stand?		
2. Werden alle Preisänderungen am entsprechenden Tag durchgeführt?		
3. Ist alle Ware korrekt und leserlich ausgezeichnet?		
4. Werden nur zugelassene Artikel mit Etiketten ausgezeichnet und alle anderen mit dem Stempel?		

8.7 Checkliste zur Verminderung von Inventurdifferenzen

5. Sind alle Mitarbeiter über die Wichtigkeit einer korrekten Preisauszeichnung informiert?
6. Führen Sie periodische Kontrollen durch, um sich von der Richtigkeit der Preisauszeichnung zu überzeugen?
7. Sorgen Sie auch dafür, daß alle Waren und Posten, die wieder auf den normalen Preis erhöht werden, im Preis korrigiert werden?
8. Kontrollieren Sie Ihre Verkäufer(innen) in Bedienungsabteilungen, ob sie auch in der Lage sind, die Waage richtig abzulesen und den richtigen Preis der einzelnen Artikel zu benennen?

III. Abschriften

1. Wurde alle Ware für den Eigenverbrauch erfaßt?
2. Werden alle Richtlinien für Preisherabsetzungen und Verluste beachtet?
3. Ist Vorsorge getroffen, daß Ware im Keller und in sonstigen Lagerräumen ordentlich gelagert wird, um sie vor Verderb zu schützen?
4. Werden die Temperaturen in den Kühlräumen und Kühltruhen kontrolliert, d. h., mindestens dreimal täglich?
5. Kontrollieren Sie Ihre Abfallbehälter, ob auch wirklich nur Abfälle und nicht Waren hinausgetragen werden?
6. Haben Mitarbeiter Angst, Verluste mitzuteilen?
7. Führen einzelne Abteilungsleiter ohne Ihr Wissen Preisherabsetzungen durch?
8. Wie werden Käufe der eigenen Mitarbeiter überwacht?
9. Werden laufende Artikelkontrollen durchgeführt, um eventuelle Preisherabsetzungen durchzuführen, bevor ein völliger Preisverlust der Ware entsteht?

IV. Sicherheitsvorschriften

1. Kontrollieren Sie jeden morgen und abend vor und nach Arbeitsbeginn, ob alle Türen und Fenster sicher und ordentlich verschlossen sind?
2. Parken Personal-Autos an der hinteren Lagertür?
3. Wieviel Schlüssel gibt es überhaupt? Stehen sie alle unter Kontrolle? Ist die Schlüsselaufstellung korrekt und vollständig?
4. Welche Personen außer Ihnen haben Schlüssel und welche?
5. Gibt es Mitarbeiter, die eine andere Tür benutzen, als die von Ihnen vorgeschriebene?
6. Haben Sie dafür Sorge getragen, daß bei einem ausscheidenden Mitarbeiter die letzte Lohn- oder Gehaltszahlung erst nach Abgabe sämtlicher in seinem Besitz befindlichen Schlüssel erfolgt?
7. Wird das 2-Schlüssel-System praktiziert?
8. Werden beim Ausscheiden eines Mitarbeiters, der die Hauptschlüssel besitzt, die Schließzylinder ausgewechselt?

V. Diebstähle

1. Führen Sie Kontrollen durch, indem Sie einen einzelnen Artikel herausgreifen und durch eine Strichliste den Verkauf registrieren?
2. Gibt es unübersichtliche Stellen in Ihrem Laden, die Sie noch nicht kontrolliert haben?
3. Bemerken Sie gelegentlich Ladendiebstähle durch leere Schachteln, Packungen oder herumliegende Preisschilder auch außerhalb Ihres Ladens?
4. Sind Ihre Mitarbeiter gegenüber möglichen Ladendieben wachsam?
5. Schauen Ihre Kassiererinnen auch unauffällig in die Einkaufstaschen?
6. Sind die Kassenstellen als Durchgang blockiert, wenn sie nicht besetzt sind?
7. Haben Sie Bedenken einen vermutlichen Ladendieb anzuhalten, wenn Sie annehmen, daß er Ware entnommen hat?
8. Sind Ihre Mitarbeiter gut instruiert über Verhütung und Entdeckung von Ladendiebstählen?
9. Haben Sie betont freundliche Kunden?
10. Befindet sich zur Beobachtung des Ladens dort immer eine Verkaufskraft?

VI. Kassenkontrolle

ja nein

1. Kontrollieren die Kassiererinnen auch den Bodenrost eines Einkaufswagens, damit auf diesem Wege keine Ware unbezahlt herausgeht?
2. Werden alle Waren korrekt nach richtigen Verkaufsgruppen registriert?
3. Nehmen die Kassiererinnen jeden Artikel in die Hand und registrieren ihn, selbst zu den Einkaufszeiten mit viel Kundenandrang?
4. Lassen sich Kassiererinnen bereits das Geld geben, bevor sie mit der Registrierung fertig sind?
5. Was geschieht, wenn einmal ein einzelner Artikel — versehentlich — nicht preisausgezeichnet ist, raten Ihre Kassiererinnen den Preis?
6. Erhält jeder Kunde den Kassenbon?
7. Haben Sie in dieser Woche schon jede Registrierkasse kontrolliert?
8. Haben Sie in dieser Woche auch schon Kundeneinkäufe kontrolliert?
9. Überwachen Sie die Kassendifferenzen?
10. Kennen Ihre Kassiererinnen die genauen Kassierinstruktionen?
11. Wird die Leergutannahme und die Abrechnung hierzu laufend kontrolliert?
12. Haben Sie den Eindruck, daß eine Kassiererin über ihre Verhältnisse lebt?
13. Werden Ihre Kassiererinnen laufend belehrt, daß Verwandtenbedienung nicht gestattet ist?
14. Wird grundsätzlich alle Ware, die den Laden verläßt, durch die Registrierkasse erfaßt?

VII. Geldkontrolle

ja nein

1. Sind Sie grundsätzlich informiert über die korrekte Form der Kassenabrechnung?
2. Wissen Ihre Mitarbeiter, die mit dem Geldverkehr zu tun haben, genau über die vorgeschriebenen Verfahren bescheid?
3. Werden alle Kassenberichte und sonstigen Formulare korrekt und täglich ausgefüllt?

4. Registrieren manchmal mehrere Kassiererinnen an einer Registrierkasse?
5. Kontrollieren Sie periodisch das Wechselgeld mindestens wöchentlich?
6. Kommt grundsätzlich das Wechselgeld nachts in den Panzerschrank?
7. Führen Sie Kreditverkäufe durch und sind diese genehmigt?
8. Haben Sie das Gefühl, daß jede mögliche Vorsorge getroffen wurde, damit niemand unberechtigt an Bargeld gelangt?
9. Werden die Geldbörsen der Kassiererinnen an einem (von Ihnen) vorgeschriebenen Platz aufbewahrt?
10. Werden Kassenstürze gemacht?
11. Werden Kassenschübe abgeschlossen, wenn die Kassiererin ihren Arbeitsplatz verläßt?

VIII. Buchhaltung und Filialleitung

ja nein

1. Werden alle Rechnungsduplikate sofort vernichtet?
2. Werden alle Eintragungen täglich durchgeführt?
3. Werden alle Buchungsbelege nachgerechnet?
4. Prüfen Sie alle Belastungen von Lieferungen der Zentrale?
5. Werden Rückgaben korrekt kreditiert?
6. Werden nur korrekte Preise der Preisliste verwandt?
7. Werden die Anwesenheitslisten korrekt geführt?
8. Werden Lohnauszahlungen korrekt ausgeführt?
9. Werden Vorschüsse aus dem Wechselgeld ohne Einwilligung gezahlt?
10. Falls Sie aus genehmigten Gründen den Laden verlassen, geschieht dies zu regelmäßigen Zeiten?
11. Ist während dieser Zeit eine qualifizierte Vertretung anwesend?
12. Kennt jeder Mitarbeiter seine Aufgaben und weiß, was Sie von ihm erwarten?

Ne. ■

9. Zusammenstellung veröffentlichter und unveröffentlichter Gerichtsentscheidungen zum Thema: Ladendiebstahl/Vorbeugekosten/Ergreifungsprämie/ Bearbeitungskosten

Klagezusprechende zivilrechtliche Urteile

Nr.	Gericht Aktenzeichen Datum	Tragende Gründe	veröffentl.:	Ausspruch:
1	AG München Az. unbekannt 24. 10. 1972	Ausführliche Begründung – Ergreifungsprämie und Bearbeitungskosten	NJW 1973, S. 1046	zugesprochen
2	AG Stuttgart 6 C 4341/73 10. 10. 1973	Auslobung wünschenswert, deshalb § 823 BGB	BB 1973, S. 1414	zugesprochen
3	AG Schöneberg 7 C 75/74 10. 5. 1974	Vertragsstrafe	NJW 1974, S. 1823	zugesprochen
4	AG Essen 17 C 405/74 12. 8. 1974	Ergreifungsprämie: § 823 BGB, adäquat-kausaler Schaden, keine Privatjustiz	–	zugesprochen
5	AG Hanau 35 C 99/74 30. 9. 1974	Ergreifungsprämie: adäquat-kausal, keine Privatjustiz	–	zugesprochen
6	AG Münster 7 C 456/74 9. 10. 1974	Schadensersatz aus Anerkenntnis bzw. Vergleich	–	zugesprochen
7	AG Erkelenz 6 C 699/74 16. 10. 1974	Ergreifungsprämie/ keine Begründung	–	zugesprochen
8	AG Stuttgart 17 C 2012/74 24. 10. 1974	Ergreifungsprämie: § 823 BGB, adäquat-kausal	–	zugesprochen
9	AG Landshut 8 C 638/74 17. 10. 1974	Anerkenntnisurteil	–	zugesprochen

Klagezusprechende zivilrechtliche Urteile

Nr.	Gericht Aktenzeichen Datum	Tragende Gründe	veröffentl.:	Ausspruch:
10	AG Essen 15 C 476/74 5. 11. 1974	Adäquat-kausaler Schaden nach § 823 BGB	–	zugesprochen
11	AG Bremen 12 C 339/74 7. 1. 1975	Ergreifungsprämie: Schaden nach § 823 BGB	–	zugesprochen
12	AG Braunschweig 11 C 458/74 9. 1. 1975	Schaden nach § 823 BGB, C.I.C.	–	zugesprochen
13	AG Dinslaken 9 C 621/74 22. 1. 1975	Ergreifungsprämie: Schaden nach § 823 BGB Abs. 2 in Verbindung mit § 242 StGB	–	zugesprochen
14	AG Trier 7 C 521/74 28. 1. 1975	Schaden nach § 823 BGB, kein Verstoß gegen Verfassungsnormen	–	zugesprochen
15	AG Hannover 5 C 379/74 Februar 1975	Aushöhlung des Eigentumsbegriffs	–	zugesprochen
16	AG Neumünster 8 C 941/74 20. 2. 1975	Bearbeitungskosten, keine Begründung	–	zugesprochen
17	AG Braunschweig 13 C 591/74 20. 2. 1975	–	–	Prämie ja, Bearbeitungskosten nein
18	AG Siegen 6 dC 897/74 25. 3. 1975	Ergreifungsprämie: Schaden nach § 823, Begründung ausführlich	–	zugesprochen
19	AG Betzdorf Az. unbek. 9. 4. 1975	Bearbeitungskosten: § 823 BGB, Schaden pauschaliert	–	zugesprochen
20	AG Bad Schwalbach 2 C 692/74 24. 4. 1975	Abstraktes Schuldanerkenntnis nach § 781 BGB	–	zugesprochen

9. Zusammenstellung von Gerichtsentscheidungen

Klagezusprechende zivilrechtliche Urteile

Nr.	Gericht Aktenzeichen Datum	Tragende Gründe	veröffentl.:	Ausspruch:
21	AG Bremen 8 C 51/75 30. 6. 1975	–	–	zugesprochen
22	AG Hamburg –Beschluß– 77 Ba 12936/74 24. 7. 1975	Ergreifungsprämie: allgemein üblich	–	zugesprochen
23	AG Bielefeld 13 C 429/75 27. 8. 1975	Adäquat-kausaler Schaden nach § 823 BGB	NJW 1976, S. 57	zugesprochen
24	AG Bünde C 55/75 24. 9. 1975	–	–	zugesprochen
25	AG Karlsruhe 7 C 363/75 30. 9. 1975	Bearbeitungskosten pauschaliert	–	zugesprochen
26	AG Bonn 3 C 379/75 15. 10. 1975	Anspruch aus Vergleich	–	zugesprochen
27	AG Celle 12 C 410/75 31. 10. 1975	Ergreifungsprämie: keine Folgekosten § 823 BGB, aber § 254 wegen Verkaufspsychologie	–	50 : 50
28	AG Braun- schweig 12 C 383/75 22. 12. 1975	Ergreifungsprämie: Schaden nach § 823 BGB, aber nur in angemessener Höhe	–	zugesprochen
29	AG Marl 3 C 1059/74 (Dat. unbek.)	Ergreifungsprämie: Schaden nach § 823 BGB	–	zugesprochen
30	AG Braun- schweig 13 C 409/75 4. 2. 1976	Ergreifungsprämie: Schaden nach § 823 BGB; Höhe der Fangprämie - angemessenes Verhältnis zum Diebstahlsobjekt! Angemessen = wenn Prämie fünf mal so hoch	–	zugesprochen

Klagezusprechende zivilrechtliche Urteile

Nr.	Gericht Aktenzeichen Datum	Tragende Gründe	veröffentl.:	Ausspruch:
31	AG Braunschweig 13 C 110/76 31. 3. 1976	wie der Wert der gestohlenen Sache Ergreifungsprämie hat keinen präventiven Charakter, nur Erstattung des zivilrechtlichen Schadens – § 823 BGB	–	zugesprochen
32	AG Limburg 4 C 119/76 15. 4. 1976	Anspruch aus Schuldanerkenntnis	–	zugesprochen
33	AG Tempelhof-Kreuzberg 8 C 417/75 11. 3. 1976	Anspruch aus § 781 BGB – konstitutives Schuldanerkenntnis	–	zugesprochen
34	AG Würzburg C 2435/74 18. 1. 1976	Ergreifungsprämie: ersatzpflichtiger Schaden nach § 823 BGB; ausführliche Begründung	–	zugesprochen
35	AG Münster 4 C 315/75 1. 7. 1976	Ergreifungsprämie: ersatzpflichtiger Schaden nach § 823 BGB	–	zugesprochen
36	AG Neuwied AC 601/75 19. 8. 1975	Ergreifungsprämie: ersatzpflichtiger Schaden nach § 823 BGB	–	zugesprochen
37	AG Stuttgart 14 C 7537/75 7. 10. 1975	Ergreifungsprämie: ersatzpflichtiger Schaden nach § 823 BGB	–	zugesprochen
38	AG Mönchengladbach-Rheydt 10 C 676/75 8. 1. 1976	Ergreifungsprämie: ersatzpflichtiger Schaden nach § 823 BGB	–	zugesprochen
39	AG Berlin-Schöneberg 6 C 77/76 29. 3. 1976	Ergreifungsprämie: grundsätzlich Schaden nach § 823 BGB, aber § 254 BGB. Prämien müssen gestaffelt werden	–	zugesprochen

9. Zusammenstellung von Gerichtsentscheidungen 119

Klagezusprechende zivilrechtliche Urteile

Nr. Gericht Aktenzeichen Datum	Tragende Gründe	veröffentl.:	Ausspruch:
40 AG Bremer- haven 8 B 2454/76 18. 5. 1976	Hinweis auf das Urteil des Gerichts vom 19. 2. 1975 – 5 C 78/75 –	–	zugesprochen
41 LG Braun- schweig 5.O.153/76 14. 7. 1976	Ergreifungsprämie: Schaden nach § 823 BGB Bearbeitungskosten Schaden nach § 823 BGB	–	zugesprochen

Klageabweisende zivilrechtliche Urteile

Nr. Gericht Aktenzeichen Datum	Tragende Gründe	veröffentl.:	Ausspruch:
1 AG München 1 C 868/72 19. 6. 1972	–	NJW 1972, S. 2038	abgewiesen
2 AG Dortmund 128 C 230/74 30. 5. 1974	Ergreifungsprämie: Schutzzweck nach § 823 BGB	–	abgewiesen
3 AG Duisburg 2 C 393/74 9. 8. 1974	Ergreifungsprämie: kein Schaden nach § 823 BGB, unzulässige Privatstrafe	–	abgewiesen
4 AG Hamburg 13 AC 604/74 27. 8. 1974	Ergreifungsprämie: Wertmaßstäbe der Verfassung Art. 92 GG Selbstjustiz	–	abgewiesen
5 AG Saarbrücken 4 C 497/74 3. 10. 1974	Ergreifungsprämie: keine Ursächlichkeit, kein unmittelbarer Schaden nach § 823 BGB	–	abgewiesen
6 AG Essen 21 C 589/74 11. 10. 1974	Bearbeitungskosten = Vorsorgekosten	–	abgewiesen

Klageabweisende zivilrechtliche Urteile

Nr.	Gericht Aktenzeichen Datum	Tragende Gründe	veröffentl.:	Ausspruch:
7	AG Neumünster 8 C 638/74 8. 11. 1974	Ergreifungsprämie: vertraglicher Anspruch, Schutzzweck des § 823 BGB nicht gegeben	–	abgewiesen
8	AG Essen 10 C 591/74 21. 11. 1974	Ergreifungsprämie: kein § 781 BGB, nur deklaratorisch, kein Schaden nach § 823 BGB, Privatstrafe	NJW 1976, S. 55	abgewiesen
9	AG Dortmund 120 C 195/74 4. 12. 1974	Ergreifungsprämie = freiwillige Zahlung	–	abgewiesen
10	AG Duisburg 2 C 660/74 13. 12. 1974	Ergreifungsprämie: keine Kausalität, Privatstrafe	–	abgewiesen
11	AG Bochum 42 C 881/74 8. 1. 1975	Ergreifungsprämie = Vorsorgeaufwendungen, Bearbeitungskosten nicht abgrenzbar, nicht bestimmt	–	abgewiesen
12	AG Lübeck 12 C 551/74 17. 2. 1975	Ergreifungsprämie: kein adäquater Schaden, Bearbeitungskosten eigener Pflichtkreis	–	abgewiesen
13	AG Lübeck 10 C 203/75 24. 4. 1975	Ergreifungsprämie: kein Schaden nach § 823 BGB	–	abgewiesen
14	AG Kiel 16 C 63/74 11. 4. 1975	Ergreifungsprämie = Vorsorgekosten, nicht erstattungsfähig	–	abgewiesen
15	AG Essen 10 C 73/75 2. 4. 1975	Ergreifungsprämie: kein adäquater Schaden nach § 823 BGB, kein § 781 BGB, da sittenwidrig	–	abgewiesen
16	AG Bordesholm 1 C 42/75 16. 5. 1975	Ergreifungsprämie = Vorsorgemaßnahmen, Bearbeitung = normaler Geschäftsbetrieb	–	abgewiesen

Klageabweisende zivilrechtliche Urteile

Nr.	Gericht Aktenzeichen Datum	Tragende Gründe	veröffentl.:	Ausspruch:
17	AG Essen 13 C 369/75 1. 7. 1975	Ergreifungsprämie: kein Schaden nach § 823 BGB	–	abgewiesen
18	AG München 7 C 691/75 11. 7. 1975	Ergreifungsprämie: kein adäquater Schaden nach § 823 BGB	–	abgewiesen
19	AG Mettmann 21 C 244/75 5. 8. 1975	Ergreifungsprämie = Vorsorgekosten, allgemeines Lebensrisiko	NJW 1976, S. 56	abgewiesen
20	AG Hannover 14 C 487/75 10. 11. 1975	Kein Schaden, da bereits Unkosten für Diebstahlsbearbeitung einkalkuliert und auf die Preise aufgeschlagen wurden	–	abgewiesen
21	AG Braunschweig 19 b 2810/75 13. 11. 1975	Ergreifungsprämie = Vorsorgeaufwendungen Schutzzweck des § 823 BGB reiner Vermögensschaden	–	abgewiesen
22	AG Duisburg 2 C 613/75 5. 12. 1975	Ergreifungsprämie: keine notwendigen Kosten der Wiedererlangung	–	abgewiesen
23	AG Mülheim 10 C 767/75 18. 12. 1975	Ergreifungsprämie = Vorsorgeaufwendungen kein Schaden nach § 823 BGB	–	abgewiesen
24	AG Saarbrücken Az. unbekannt Dat. unbek.	Ergreifungsprämie: Schutzzweck des § 823 BGB	–	abgewiesen
25	AG Vechta 2 C 203/75 23. 9. 1975	Ergreifungsprämie Rechtsgrund der Auslobung vor der Tat; – Vorsorgemaßnahme	–	abgewiesen
26	AG Frankfurt Az. unbek. 19. 12. 1975	Bearbeitungskosten = Vorsorgekosten, Hinweis auf § 127 StPO keine Erstattung; Ergreifungsprämien	–	abgewiesen

Klageabweisende zivilrechtliche Urteile

Nr.	Gericht Aktenzeichen Datum	Tragende Gründe	veröffentl.:	Ausspruch:
		Vorsorgekosten; Generalprävention; Strafcharakter		
27	AG Neukölln Az. unbek. 16. 1. 1976	Ergreifungsprämie, Bearbeitungskosten, Vertragsstrafe, Schutzzweck des § 823 BGB; Präventivcharakter der Prämie etc. . . . Keine Vertragsstrafe, weil Hinweisschild nicht konkret genug; keine Bearbeitungskosten, weil es an jeglicher Darlegung und Substantiierung fehlt	–	abgewiesen
28	AG Braunschweig 13 B 2855/75 1. 2. 1976	Prämie: Anerkenntnis sittenwidrig	–	abgewiesen
29	AG Duisburg 27 C 531/75 3. 2. 1976	Bearbeitungskosten: Mühewaltung bei der Schadensabwicklung nicht ersatzpflichtig, Hinweis auf BGH NJW 1969, 1109	–	abgewiesen
30	LG Hamburg 10. O. 138/75 10. 2. 1976	Ergreifungsprämie: Schutzzweck des § 823 BGB Fangprämie hat rein präventiven Charakter; Rechtskreis des Geschädigten; Bearbeitungskosten: kein konkreter Vermögensverlust; eigener Rechtskreis Vertrag und C.I.C. nicht geprüft	–	abgewiesen
31	AG Hannover 592/75 11. 2. 1976	Ergreifungsprämie: keine Adäquanz – Schutzzweck des § 823 BGB; Hinweis auf Wollschläger etc.	–	abgewiesen

Klageabweisende zivilrechtliche Urteile

Nr.	Gericht Aktenzeichen Datum	Tragende Gründe	veröffentl.:	Ausspruch:
32	AG Duisburg 33 C 358/75 12. 2. 1976	Ergreifungsprämie: unzulässige Privatstrafe	–	abgewiesen
33	AG Hannover 9 C 247/75 16. 2. 1976	Ergreifungsprämie oder Bearbeitungskosten: Anerkenntnis sittenwidrig keine An- sprüche aus § 823 BGB	–	abgewiesen
34	AG Köln 114 C 1283/74 9. 4. 1975	Ergreifungsprämie: Vertrags- strafe nicht konkret genug; Schuldanerkenntnis ohne Rechtsgrund abgegeben. Anspruch aus unerlaubter Handlung nicht gegeben	–	abgewiesen
35	AG Berlin- Tempelhof- Kreuzberg 6 C 12/76 16. 2. 1976	Ergreifungsprämie: nicht vom Schutzzweck des § 823 BGB gedeckt	–	abgewiesen
36	AG Reckling- hausen 11 C 164/75 5. 1. 1976	Schutzzweck des § 823 BGB	–	abgewiesen
37	AG Düsseldorf 35 C 647/75 6. 1. 1976	Bearbeitungskosten: kein Anspruch aus § 823 BGB; Allgemeine Vorhaltekosten Schadensabwicklung eigene Mühewaltung des Geschädigten	–	abgewiesen
38	AG Neukölln Az. unbek. 24. 2. 1976	Ergreifungsprämie: über- steigt Schutzzweck des § 823 BGB, da präventiver Charakter. Nur rentabel, wenn abschreckender Charakter	–	abgewiesen

Klageabweisende zivilrechtliche Urteile

Nr.	Gericht Aktenzeichen Datum	Tragende Gründe	veröffentl.:	Ausspruch:
39	AG München Az. unbek. 25. 2. 1976	Ergreifungsprämie: Schutzzweck des § 823 BGB; deklaratorisches Schuldanerkenntnis	–	abgewiesen
40	AG Charlottenburg 2 C 45/76 1. 3. 1976	Ergreifungsprämie = eigener Geldstrafenmechanismus	–	abgewiesen
41	AG Münster 5 C 585/75 18. 3. 1976	Bearbeitungskosten: Keine Minderung des Umsatzes bzw. Gewinns durch Abwicklung von Ladendiebstählen – Ergreifungsprämie: Schutzzweck des § 823 BGB	–	abgewiesen
42	AG Hannover 24 C 489/76 26. 3. 1976	§ 823 BGB: keine Bearbeitungskosten keine Ergreifungsprämie – Schutzzweck, Verkaufsformen	–	abgewiesen
43	AG Braunschweig 13 C 109/76 31. 3. 1976	Schuldanerkenntnis nichtig, kein erstattungsfähiger Schaden, insbesondere kein Personalkostenaufwand (Diebstahlsversuch)	–	abgewiesen
44	AG Düsseldorf 47 C 41/76 5. 4. 1976	Ergreifungsprämie fällt nicht in den Schutzbereich des § 823 BGB; präventiver Charakter der Fangprämie	–	abgewiesen
45	AG Wolfsburg 10 C 164/75 4. 5. 1976	Ergreifungsprämie – Schutzzweck des § 823 BGB	–	abgewiesen
46	AG Neustadt 10 C 790/75 1. 7. 1976	Bearbeitungskosten – kein Schaden entstanden (§§ 823, 249 BGB)	–	abgewiesen

9. Zusammenstellung von Gerichtsentscheidungen

Strafrechtliche Urteile

Nr.	Gericht Aktenzeichen Datum	Tragende Gründe	veröffentl.:	Ausspruch:
1	AG Köln DS 565/71 5. 7. 1972	Bearbeitungsgebühr von 200,- DM = Schaden nach § 823 BGB	–	freigesprochen
2	AG Mainz 2 LS 440/73 7. 12. 1973	Erstinstanzliches Urteil zu OLG Koblenz NJW 1976, 63	MDR 1974, S. 506	freigesprochen
3	AG Nürnberg 42 CS 239/74 28. 5. 1974	Bearbeitungskosten nicht abgrenzbar	NJW 1974, S. 1668	eingestellt
4	AG Koblenz 33 CS 344/74 30. 8. 1974	§ 240 StGB	–	verurteilt
5	LG Mainz 2 LS 440/73 (Ms) 9. 7. 1974	Selbstjustiz § 263 StGB	–	verurteilt
6	OLG Koblenz 1 Ss 55/75 7 Ls 44/74 7. 5. 1975	Umstrittene zivilrechtliche Forderung, Drohung, Nötigung § 240 StGB	JR 1976, S. 69	verurteilt
7	AG Nürnberg 45 DS 71 JS 9449/75 16. 5. 1975	Täuschung = Geltendmachen der Ansprüche. Kein zivilrechtlicher Anspruch. § 240 StGB	–	verurteilt
8	OLG Braunschweig SS 63/75 14. 7. 1975	Zivilrechtliche Ansprüche geprüft und abgelehnt	NJW 1976, S. 60	zurückverwiesen
9	LG Nürnberg Hs 71 JS 9449/75 14. 10. 1975	Keine Prämie, keine Bearbeitungskosten (Verbotsirrtum)	–	freigesprochen
10	OLG Koblenz 1 SS 199/75 13. 11. 1975	Zivilrechtliche Ansprüche geprüft und abgelehnt, § 263 StGB	NJW 1976, S. 63	verurteilt

10. Literaturverzeichnis

AE – GLD 1974: Entwurf eines Gesetzes gegen Ladendiebstahl (AE-GLD), bearb. von Arzt et al., 1974

Arzt, G.: Zur Bekämpfung der Vermögensdelikte mit zivilrechtlichen Mitteln – Der Ladendiebstahl als Beispiel, JuS 1974, 693 ff.

Arzt, G.: Notwehr, Selbsthilfe, Bürgerwehr – Zum Vorrang der Verteidigung der Rechtsordnung durch den Staat –, Festschr. für Schaffstein, 1975, S. 77 ff.

Arzt, G.: Offener oder versteckter Rückzug des Strafrechts vom Kampf gegen Ladendiebstahl?, JZ 1976, 54 ff.

Baumann, J.: Über die notwendigen Veränderungen im Bereich des Vermögensschutzes, JZ 1972, 1 ff.

Bayerl: Stellungnahme Ladendiebstahl Deutscher Bundestag Sten. Ber. 7/5051, 1974

Becker, W.: Kaufhaus- u. Ladendiebstähle. Ein Problem der Kinder- u. Jugendkriminalität, Kriminalistik 1972, 195 ff.

Berckhauer, F. H.: Soziale Kontrolle der Bagatellkriminalität: Der Ladendiebstahl als Beispiel, DRiZ 1976, 229 ff.

Bethge, H. J.: Der Ladendiebstahl unter besonderer Berücksichtigung des Diebstahls in Selbstbedienungsläden, Diss. iur. Kiel 1966

Blankenburg: Die Selektivität rechtlicher Sanktionen, eine empirische Untersuchung von Ladendiebstählen, KZSS 1969, 805 ff.

Boas: Über Warendiebinnen, mit besonderer Berücksichtigung sexueller Motive, ArchKrim 1916, 103 ff.

Börm, U.: Entwendungen in Selbstbedienungsläden, Diss. iur. Hamburg-Düsseldorf 1963

Canaris, C.-W.: Zivilrechtliche Probleme des Warenhausdiebstahls, NJW 1974, 521 ff.

Carstens, T.: Zivilrechtliche Sanktionen gegen Ladendiebe, ZRP 1975, 268 ff.

Cohen, H.: Und dem Ladendiebstahl? – Die Erfahrungen einer amerikanischen Unternehmung, in: Die Herausforderung der 70er Jahre: Warendiebstahl und Inventurverluste, Bericht über das internationale Symposium der AIDA, Zürich 1973, S. 117 ff. (Sonderdruck)

Cremer, C. G.: Untersuchungen zur Kriminalität der Frau, 1974

Creutzig: Rechtsfragen zum Ladendiebstahl, BB 1971, 1307 f.

Creutzig: Schadensersatzpflicht der Ladendiebe, NJW 1973, 1593 ff.

Daverkausen, P. M.: Einsatz von Detektiven und technischen Hilfsmitteln, in: Fortschritt im Betrieb, Schriftenreihe der BAG, Bericht über die 20. Betriebswirtschaftliche Arbeitstagung, Baden-Baden 1973, S. 25 ff.

De Boor, W.: Ziele der Konfliktsforschung, Ärztliche Praxis 1971, Nr. 74 vom 14. Sept., S. 3327

De Boor, W.: 1966, Zitiert nach: Dritte Aktion gegen Wohlstandskriminalität, o. J. (Hrsg.: Kuratorium z. Bekämpfung d. Wohlstandskriminalität.)

10. Literaturverzeichnis

Deutsch, E.: Haftungsrecht, Bd. 1: Allgemeine Lehren, 1976, S. 89 ff., zit. 1976 a

Deutsch, E.: Empfiehlt es sich, in bestimmten Bereichen der kleinen Eigentums- und Vermögenskriminalität, insbesondere des Ladendiebstahls, die strafrechtlichen Sanktionen durch andere, zum Beispiel zivilrechtliche Sanktionen abzulösen, gegebenenfalls durch welche? Gutachten E zum 51. Deutschen Juristentag, 1976, zit. 1976 b

Deutscher Richterbund: Der Deutsche Richterbund zum Thema „Private Strafjustiz", DRiZ 1976, 176

De With: Antwort des Parl. Staatssekretärs Dr. de With auf die mündlichen Fragen des Abgeordneten Schlaga, Deutscher Bundestag Sten. Ber. 7, 5404, 1976

Dubuisson, P.: Les voleuses des Grands Magasins, Archives d'Anthropologiecriminelle, 16 (1901), 1 ff., 341 ff..

Dreher, E.: Die Behandlung der Bagatellkriminalität, in: Festschr. f. Welzel 1974, S. 917 ff.

Dreher, E.: Kommentar zum Strafgesetzbuch, 36. Aufl. 1976, Kommentierung zu § 248 a, Rz. 10

Droste, H.-J.: Privatjustiz gegen Ladendiebe, 1972

Ederle, K.: Ladendiebstahl verhindern – Aufgabe des Handels, Kriminalistik 1972, 392 ff.

Eser, A.: Kommentierung zu § 248 a StGB, in: Schönke/Schröder, Kommentar zum StGB, 18. Aufl. 1976

Franzheim, H.: Kriminalpolitische Problematik des Ladendiebstahls, ZRP 1972, 158 ff.

Freiburg, A.: „Das Gerede von der Wohlstandskriminalität", Zur Entwicklung der Kriminalität in der DDR seit 1970, Deutschlandarchiv 1975, 1083

Gasser, T. P.: Warendiebstahl und Inventurverluste – eine Plage, die Millionen kostet, in: Die Herausforderung der 70er Jahre: Warendiebstahl und Inventurverluste, Berichte über das internationale Symposium der AIDA, Zürich 1973, S. 19

Geerds, F.: Über mögliche Reaktionen auf Ladendiebstähle, DRiZ 1976, 225 ff.

Gegenfurtner: Diebstähle in Warenhäusern, Kriminalistik 1961, 350 ff.

Giessler, P.: Wohlstandsdelikt Ladendiebstahl, BAG-Nachrichten 1975, 20 ff. (Sonderdruck)

Hanack, E.-W.: Das Legalitätsprinzip und die Strafrechtsreform, in: Festschr. f. Gallas, 1973, S. 339 ff.

Hägin, M.: Werbung für die Ware genügt nicht! BAG-Nachrichten 1975, Heft 2 und 3

Händel, K.: Bekämpfung des Ladendiebstahls, Kriminalistik, 1971, 307 ff.

Hellmer, J.: Zur Kriminalität in beiden Teilen Deutschlands, in: Festschr. f. Maurach, 1972, S. 641 ff.

Hinzen, S.: Stellungnahme zum Entwurf eines Ersten Gesetzes zur Bekämpfung der Wirtschaftskriminalität, 79. Sitzung des Sonderausschusses für die Strafrechtsreform, 17./18. Feb. 1976, Deutscher Bundestag Drucksache 7/3441

Hirsch, H. J.: Gegenwart und Zukunft des Privatklageverfahrens, in: Festschr. f. R. Lange, 1976, S. 815 ff.

Holtzhausen, C.-G.: „Bekämpfung des Ladendiebstahls – eine Zwischenbilanz", in: Fortschritt im Betrieb, Bericht über die 22. Betriebswirtschaftliche Arbeitstagung in Baden-Baden, 1975, S. 44 ff.

Industriemagazin o. V.: Gegen Ladendiebstahl ist nachweislich keine Bevölkerungsgruppe gefeit, Industriemagazin-Gespräch mit T. Althoff, Karstadt AG, Industriemagazin Juni 1973

Jarosch: Der Warenhausdiebstahl in medizinischer und strafrechtlicher Sicht, ÖsterRiZ 1968, 39 ff., 59 ff.

JA StR o. V.: Standgericht im Warenhaus, JA 1976 StR, 37 ff., 99 ff.

Kaiser, G.: Entwicklungstendenzen des Strafrechts, in: Festschr. f. Maurach, 1972, S. 25 ff.

Kaiser, G.: Ladendiebstahl, in: Kleines Kriminologisches Wörterbuch 1974, 70 ff.

Kalleicher, H.: Mankomacher Kunde, 1969

Kalleicher, H.: Mankomacher Mitarbeiter 1972

Kalleicher, H.: Warenwerbung und Warendiebstahl, BAG-Nachrichten 7/76, 16 f.

Kaufmann, Armin: Strafrechtsreform im Einführungsgesetz? JZ 1973, 494 ff.

Kerner, H.-J.: Verbrechenswirklichkeit und Strafverfolgung, 1973

Klimke, M.: Erstattungsfähigkeit der Kosten von Vorsorge- und Folgemaßnahmen bei Rechtsgutverletzungen, NJW 1974, 81 ff.

Kosiol, E.: Warenkalkulation in Handel und Industrie, 2. Aufl. 1953

Kramer, H.: Ladendiebstahl und Privatjustiz, ZRP 1974, 62 ff.

Kramer, H.: Probleme der Warenhauskriminalität – Staatliche Strafverfolgung und Warenhausjustiz, Polizei intern II 1975, 15 ff.

Krause, W. F. J.: Ladendiebstahl und Zurechnungsfähigkeit, MschrKrim 1963, 49 ff.

Krümpelmann, J.: Die Bagatelldelikte, 1966

Kucklick u. *Otto:* Diebstahl aus Warenhäusern und Selbstbedienungsläden in der Hamburger Innenstadt, 1973

Lange, R.: Das Rätsel Kriminalität, 1970

Lange, R.: Der Ladendiebstahl – Ein Ort wissenschaftlicher Verwirrung, in: Festschr. f. Jahrreiß, 1974, S. 117 ff.

Lange, R.: Privilegierung des Ladendiebes?, JR 1976, 177 ff.

Leppmann: Über Diebstähle in großen Kaufhäusern, Ärztliche Sachverständigenzeitung, 1901, 5 f., 31 ff.

Loitz, R.: Ladendiebstahl unter der Lupe, 1971

Loitz, R.: Immer weniger unbescholtener Bürger, BAG-Nachrichten 1975, Heft 12 (Sonderdruck), zit. 1975 a

Loitz, R.: Ladendiebstahl – die Entwicklung von 1963–1970, in: BAG-Nachrichten, 1972

Malevez, P.: Das Produkt: Komplice des Warendiebstahls und der Inventurverluste, in: Die Herausforderung der 70er Jahre: Warendiebstahl und Inventurverluste, Bericht über das internationale Symposium der AIDA, Zürich 1973, 33 ff.

Mayer, H.: Zum Begriff der Wegnahme, JZ 1962, 617 ff.

Mayr, G.: Die Gesetzmäßigkeit im Gesellschaftsleben, 1877

Medicus, D.: Bürgerliches Recht, 7. Auf. 1976

Meier, G.: Anspruchsverlust gegen Ladendieb durch kalkulatorische Berücksichtigung von Manki? BB 1974, 1376 f.

Meier, G.: Anmerkung zu OLG Koblenz, NJW 1976, 63, in: NJW 1976, 584

Mergen, A.: Die Kriminologie, 1967

Mertesdorf: Was tun Zeugen von Ladendiebstählen?, Gruppendynamik 1973, 315 ff.

Meurer, D.: Betrug als Kehrseite des Ladendiebstahls?, JuS 1976, 300 ff.

Mey, K. D.: Die Selbstjustiz bei Ladendiebstählen, Kriminalistik 1966, 570 ff.

Modigh, K. W.: Warenhaus- und Ladendiebstahl in schwedischer Sicht, Kriminalistik 1972, 53 ff.

10. Literaturverzeichnis

Müller, U.: Schadensersatz wegen Vorsorgekosten beim Ladendiebstahl, NJW 1973, 358 f.

Naucke, W.: Empfiehlt es sich, in bestimmten Bereichen der kleinen Eigentums- und Vermögenskriminalität, insbesondere des Ladendiebstahls, die strafrechtlichen Sanktionen durch andere, zum Beispiel zivilrechtliche Sanktionen abzulösen, gegebenenfalls durch welche? Gutachten D zum 51. Deutschen Juristentag, 1976

Niggemeyer: Kriminologie, Leitfaden für Kriminalbeamte, 1967

Packard, V.: Die geheimen Verführer, 1973

Palandt/Heinrichs: Kommentar zum BGB, 35. Aufl. 1976, § 249 Anm. 3 b

Peters, D.: Richter im Dienst der Macht – Zur gesellschaftlichen Verteilung der Kriminalität, 1973

Raimann: Über Warenhausdiebinnen, MschrKrim 1922, 300 ff.

Rasch, W.: Kriminalität innerhalb endogenphasischer Depressionen, MschrKrim 1965, 187 ff.

Rebhan, A.: Franz von Liszt und die moderne défense sociale, 1963

Roxin, C.: Anmerkung zu OLG Koblenz, JR 1976, 69, in: JR 1976, 71 f.

Rössner, D.: Bagatelldiebstahl und Verbrechenskontrolle, 1976, zit. 1976 a

Rössner, D.: Strafrechtsreform durch partielle Entkriminalisierung, ZRP 1976, 141 ff., zit. 1976 b

Rupp, H. H.: Verfassungsrechtliche und rechtspolitische Überlegungen zur Problematik allgemeiner Geschäftsbedingungen, in: Festschr. f. Bärmann, 1975, S. 787 ff.

Rust, P.: Ladendiebstahl, Bern 1972

Scheuch, M.: Diebstahlssicherheit von Verpackungen, Selbstbedienung und Supermarkt 1974, 15 ff.

Schmidhäuser, E.: Freikaufverfahren mit Strafcharakter im Strafprozeß?, JZ 1973, 529 ff.

Schmidt, J.: Vorsorgekosten und Schadensbegriff, JZ 1974, 73 ff.

Schneider, H. J.: Viktimologie, 1975

Schoreit, A.: Der in Zusammenhang mit dem Alternativentwurf eines Strafgesetzbuches vorgelegte Entwurf eines Gesetzes gegen Ladendiebstahl (AE-GLD) im Lichte der Kriminalstatistik 1974 und moderner Opferforschung, JZ 1976, 49 ff., zit. 1976 a

Schoreit, A.: Strafrechtlicher Eigentumsschutz gegen Ladendiebe, JZ 1976, 167, zit. 1976 b

Schwarzbuch zum Ladendiebstahl, hrsg. v. Kuratorium zur Bekämpfung der Wohlstandskriminalität o. J.

Schwind, H.-D. et al.: Dunkelfeldforschung in Göttingen 1973/74, 1975

Staudinger/Schäfer: Kommentar zum Bürgerlichen Gesetzbuch, 10./11. Aufl., Kommentierung zu § 823 Rz 474 ff., 1976

Stephani: Die Wegnahme von Waren in Selbstbedienungsgeschäften durch Kunden, Bern 1968

Sterling, W. K.: Einkaufswagen mit Taschenfach – Diebstahlsquote gesenkt? Selbstbedienungs-Warenhaus-Information Heft 6, 1975

Stern, K.: Rechtliche und ökonomische Bedingungen der Freiheit, Wirtschaftspolitische Chronik 1976, 7 ff.

Tegel, H.: Ladendiebstahl als Beruf, ArchKrim 1963, 36 ff.

Tesmann, R.: Wer bezahlt den Ladendiebstahl?, in: Fortschritt im Betrieb, Schriftenreihe der BAG, Bericht über die 20. Betriebswirtschaftliche Arbeitstagung, Baden-Baden 1973

Tiedemann, K.: Welche strafrechtlichen Mittel empfehlen sich für eine wirksamere Bekämpfung der Wirtschaftskriminalität?, Gutachten C zum 49. Deutschen Juristentag, 1972

Tiedemann, K.: Wirtschaftsstrafrecht und Wirtschaftskriminalität Bd. 1: Allgemeiner Teil, 1976, zit. 1976 a

Tiedemann, K.: Wettbewerb und Strafrecht, 1976, zit. 1976 b

Thiekötter, H. B.: Die psychologische Wurzel und strafrechtliche Bewertung von Warenhausdiebstählen, Diss. iur. Köln 1933

Wassermann, R.: Was tun?, in: Tiedemann, Das Verbrechen in der Wirtschaft, 1970, S. 139 ff.

Wälde, T.: Schadensersatz gegen Vorsorgekosten beim Ladendiebstahl, NJW 1972, 2294 f.

Wehner, B.: Die Latenz der Straftaten, 1957

Weisenberger, K.: Erfahrung in der Bekämpfung des Ladendiebstahls, BAG-Nachrichten 12/75, 15 ff.

Wichmann, W.: Zur Problematik des Ladendiebstahls und seiner Ahndung, Verbrauchermarkt-Information 1972, Heft 4

Will, M. R.: Finderlohn und Fahrerflucht – Das Fangprämienproblem im Straßenverkehr, MDR 1976, 6 ff.

Wollschläger, C.: Schadensersatzhaftung von Ladendieben, NJW 1976, 12 ff.

Zeitlin, L. R.: A little larceny can do a lot for employee morale, in: Psychology Today, 1971, 137 ff.

Zimmerer: Unternehmerisches Verhalten bei schlecht funktionierender Justiz, Neue Betriebswirtschaft 1965, 97 f.

Zipf, H.: Kriminalpolitische Überlegungen zum Legalitätsprinzip, in: Festschr. f. K. Peters, 1974 S. 487 ff.

Zöllner, R.-D.: Der Ladendiebstahl als betriebswirtschaftliches Problem im Einzelhandel, Diss. rer. pol. Köln 1976

Nachdruck der dokumentarischen Materialien (sub 8) mit Genehmigung der Bundesarbeitsgemeinschaft der Mittel- und Großbetriebe des Einzelhandels e. V., Köln, und des Instituts für Selbstbedienung, Köln.